Dieses Buch widme ich
den drei wichtigsten Frauen
in meinem Leben:

meiner Oma Hedwig †
meiner Mama Margret
und meiner
einzigartigen Tochter Vera

Ulla Seifert

Mein lila Hut

Von Frau zu Frau ... Frau findet ihren Weg

Kurzgeschichten
zum Nachdenken und Schmunzeln

Grafik: www.kempf-werbegrafik.de
Lila-Hut-Logo: Carsten Lotz, Niederelbert
Design "lila Hut": Christiane van der Linden
Foto Titelseite: Heimhuber, Sonthofen
Fotos: privat
Sign Karte: Jwala Gamper www.sign.ag
Herstellung und Verlag:
Books on Demand GmbH, Norderstedt
ISBN 978-3-8423-4184-5

Vorwort

Anfang des Jahres 2009 bekam ich von zwei Bekannten aus Österreich eine wunderbare Geschichte zu lesen über Frauen mit ihrem lila Hut.

In dieser Geschichte wird beschrieben, dass sich kleine Mädchen fast immer als Prinzessinnen oder Königinnen fühlen. Mit steigendem Alter jedoch werden sie zunehmend unzufriedener und mäkeln unablässig an sich herum. Bei jedem Blick in den Spiegel kritisieren sie ihre Figur, ihr Aussehen, ihre Haare, ihre Ausstrahlung. Durch diese ständige Eigenkritik sind sie oft enttäuscht, missgestimmt, ärgerlich, unwirsch und so manches Mal unausstehlich. Sie leben zwar ihr Leben, gehen aus, haben Spaß, erreichen Ziele. Doch wirklich zufrieden sind sie selten, denn es gibt immer etwas zu meckern und zu bemängeln.

Mit 80 Jahren schnappen sie sich dann ihren lila Hut, um lachend, freudig - ohne auch nur einen Blick in den Spiegel zu werfen - in die Welt zu gehen, um sich zu amüsieren.

Das sollten wir alle viel früher tun. Viele von uns werden keine 80 Jahre alt und verpassen daher die Chance auf ein Leben in Zufriedenheit, Akzeptanz, Freude, Zufriedenheit und Glück.

Nachdem ich diese schöne Geschichte gelesen hatte, dachte ich nur noch "wow"! Genau das ist es, worauf ich schon so lange gewartet hatte. In diesem Moment fand in mir eine innere Wandlung statt: Ich hörte endlich auf meine Intuition, nahm meinen lila Hut und begann, umgehend Pläne zu schmieden.

Das Ergebnis ist dieses Buch. In ihm beschreibe ich meine Höhen und Tiefen, erzähle von meinen persönlichen Stolpersteinen, Überlegungen, Hoffnungen, Ängsten und Sorgen.
Es ist mein Weg zu mehr Selbstliebe, Erkenntnis, Verständnis, Demut, Dankbarkeit und grenzenloser Lebensfreude.

Ich erzähle Teile meines persönlichen Weges, lustige Geschichten, die zum Nachdenken anregen und Anekdoten von meinem inneren Schweinehund, der mich des Öfteren von meinem Vorhaben abbringen will. Ich habe ganz bewusst alle meine Erlebnisse und Gedanken in dieses Buch einfließen lassen, wenn es auch manchmal etwas chaotisch erscheint. Genau das war und ist immer noch mein Weg und gehört alles dazu: die Verwirrung, die vermeintliche Verirrung, die Hoffnung, der Fall, das Aufstehen, das Weitergehen und die vielen tausend Fragen, die ich mir gestellt habe.

Mein Ziel ist es, dich als Frau daran zu erinnern, dass du einzigartig und wunderbar bist. Ich möchte dich motivieren und inspirieren, deinen persönlichen, individuellen Weg zu gehen und dabei stets auf dein Herz zu hören.

Nimm deinen lila Hut!
Wenn nicht jetzt, wann dann?

Es gibt viele Wege zum Herzen eines anderen Menschen, doch nur einen zu DIR selbst. Ulla Seifert

Einmal Holzweg und zurück

Ist es wirklich wahr, dass ich bereits über 50 Jahre bin? Ich kann es selbst nicht glauben und stelle mir die Zahl immer vor meinem geistigen Auge vor. Wo sind sie geblieben, diese 50 Jahre? Was habe ich alles erlebt in Glück, Freude, Harmonie, jedoch auch in Trauer, Wut und Einsamkeit? Was habe ich in all den Jahren erreicht - persönlich, beruflich und finanziell? Habe ich meine Träume gelebt oder sie komplett vergessen? Was ist aus meinen Zielen geworden, hatte ich überhaupt welche? In meinem Kopf schwirrt es wie in einem Bienenstock, ich empfinde mich gerade ziemlich leer und ausgepumpt. Ich lasse mein Leben an mir vorüberziehen und spüre eine grenzenlose Traurigkeit in mir aufsteigen.

Wie viele Jahre war ich einfach nur unzufrieden in meinem Job und mit meinem Leben im Allgemeinen? Es gab Zeiten, da fühlte ich mich leer, ausgebrannt und völlig überflüssig! In meinem Kopf fanden ständig die gleichen Diskussionen, Vorwürfe und Selbstzweifel statt, und das zog mich ganz gewaltig nach unten. Ständig überlegte ich, woran es lag, dass ich so unglücklich, voller Ängste und Sorgen war. Ich glaubte, nie genug Geld, Zeit und Freunde zu haben und der Zweifler in mir war Tag und Nacht aktiv. Nach außen hin hatte ich alles, wovon viele Menschen nur träumen können, doch in meiner Seele sah es oft düster, kalt und leer aus.

Mein Beruf war gesichert, ich hatte eine Arbeit, die wenig anstrengend war und mir viel Freizeit bot. Eine Vier-Tage-

Woche und alle Schulferien frei. Ich lebte von Montag bis Donnerstag in meiner Lieblingsstadt München und am Wochenende in meiner Lieblingsregion, dem Allgäu. Herz, was willst du mehr? Manchmal kam ich mir total undankbar und egoistisch vor. Ich machte mir schlimme Vorwürfe, was zur Folge hatte, dass ich fortwährend kränkelte. In den letzten sechs Jahren hatte ich vier Sportunfälle, zwei Operationen, tausende von Panikattacken und eines Tages fühlte ich einen Knoten in meiner Brust. Ich erschrak zu Tode und es kam mir für eine Sekunde der Gedanke: "War es das jetzt?" Diese Erfahrung erschütterte mich zutiefst und mir wurde plötzlich bewusst, wie wichtig es war, in meinem Leben etwas zu ändern. Und zwar umgehend! Denn wenn nicht jetzt, wann dann?

Doch wie Frau nun mal so tickt, vergaß ich meine guten Vorsätze recht schnell wieder. Der Knoten war harmlos und somit für mich wieder alles o.k. Der Alltag holte mich ein und ich machte genau im alten Schema weiter.

Kurz vor den Sommerferien 2008 hatte ich endgültig die Nase voll von meinem dauernden Gejammer, von meinem Gezeter und meinem Hang zum Selbstmitleid. Ich ging mir selbst auf die Nerven mit den ewigen Gedanken "hätte ich", "wäre ich", "könnte ich", "würde gerne". Meine ständigen Ausreden hingen mir langsam zum Hals heraus und ich wurde so richtig pampig zu mir SELBST. Es reichte mir, ich wollte eine Veränderung, und zwar in allen Lebenslagen. Plötzlich spürte ich ganz deutlich, dass die Unfälle und Operationen keine Zufälle waren, sie kamen mir vielmehr wie eine Botschaft vor.

Eine Botschaft meines Herzens, etwas zu ändern - JETZT!

Ich fing an Bücher zu lesen, die sich mit dem Sinn des Lebens beschäftigten, das machte mich neugierig auf mehr. Ich erfuhr, dass es oft schon reicht, den Fokus auf das Gute im Leben zu richten, da jede negative Situation auch etwas Positives beinhaltet. Sehr aufschlussreich, so hatte ich das noch nie gesehen! Mein Interesse wurde geweckt und ich brannte darauf, mehr darüber zu erfahren.

Mein erster Schritt war, ein Seminar zu finden, in dem ich einmal zur Ruhe kommen konnte - fernab der Heimat. Ich besuchte also ein Camp in Spanien, was bedeutete: 14 Tage mit Menschen zusammen zu sein, die die gleichen Wünsche, Sehnsüchte und Träume hatten wie ich. Das war es, was ich in diesem Moment brauchte und ich gestattete es mir daher einfach. Ich legte meinen chronischen Geldmangelgedanken beiseite und buchte dieses Seminar.

Es war überaus wichtig für mich, das jetzt zu TUN, denn Veränderung beginnt mit dem ersten Schritt - das begriff ich nun endlich.

Diese Zeit war für mich der Beginn eines neuen, aufregenden Lebens und ich rechnete es mir selbst hoch an, den Mut dazu aufgebracht zu haben. Das Urlaubs-Seminar war das erste von vielen, ich wurde zum regelrechten Seminarpilger. Sie alle gaben mir erste Hilfestellungen, die mich dazu brachten, mein Leben aus einer anderen, neuen Perspektive zu sehen. Mir wurde plötzlich klar, dass sich meine Gedanken ständig um Mangel, Angst und Sorge drehten. Ich richtete meinen Fokus viel zu oft auf das Negative in meinem Leben. Ein absolutes Umdenken war also angesagt!

Im Januar 2009 reifte in mir der Gedanke, mich selbstständig zu machen. Dank meiner Bekannten aus Österreich hatte ich auch ganz schnell eine spitzenmäßige Idee. In Windeseile und alles im Galopp erstellte ich ein Konzept. "Mein lila Hut" war geboren, doch die Nachwehen kamen erst ein paar Monate später.

Alles, was mir gerade in den Sinn kam, setzte ich postwendend in die Tat um. Ich ignorierte alle gut gemeinten Tipps meiner Mitmenschen und ging starrköpfig meinen Weg. Mit dem Ergebnis, dass mir sehr wenig gelang. Meine Seminare waren sehr spärlich besucht und selbst die grandiosen Angebote für die Kinder wurden verschmäht. Von diesen schmalen Einnahmen konnte ich unmöglich meine Unkosten bezahlen, geschweige denn davon leben. Was war los, was passierte da? Meine Ideen waren doch genial, einzigartig, unübertrefflich, warum war die Resonanz so gering? Was machte ich falsch, war ich nicht gut genug, warum gelang mir nie etwas? Fragen über Fragen!

Die Antwort war schon lange in meinem Herzen, doch ich habe sie, wie schon so oft, ignoriert, einfach überhört.

Nach Tagen des Selbstmitleids und des Bedauerns meiner eigenen Person fasste ich einen Entschluss. Ich gönnte mir wieder eine Auszeit. Ich brauchte Ruhe, Schweigen, Stille, um die Stimme in meinem Herzen verstehen zu können. Meine Pilgerwanderung auf dem Allgäuer Jakobsweg hat mich meinem Herzen ein großes Stück nähergebracht. Fünf Tage mit mir alleine, in Ruhe, ohne zu reden, nur meine Gedanken und ich. Was will ich tatsächlich? Was bringt mein Herz zum Singen? Was ist definitiv das Richtige für mich? In der Stille und der Ruhe während meiner Wanderung verstand ich endlich die Botschaft meines Herzens.

R - S - R

Reisen - das ist meine große Leidenschaft
Schreiben - war schon immer mein übergroßer Wunsch
Reden - kann ich gut und ich spreche gerne vor Menschen

Was ich in diesen beiden Jahren erlebte, glich einer Achterbahnfahrt, meine Gefühlswelt schlug Kapriolen. Meine Ängste, Sorgen und Bedenken, meine Freude, meine Hoffnungen, meinen Schmerz, meinen Fall, mein Aufstehen und meinen ganz persönlichen Höhenflug möchte ich gerne anderen Frauen mit diesem Buch mitteilen. Viele werden ihre eigenen Gedanken, Wünsche und Sehnsüchte in meinen Geschichten wiedererkennen. Denn das, was ich beschreibe, haben viele erlebt, gedacht, gespürt und empfunden. Ich sehe mich als Sprachrohr für diese Frauen, da ich den Mut habe, Dinge auszusprechen, die andere sich noch nicht mal zu denken wagen.

Mein Wunsch ist es, die Menschen durch meine Geschichten zu inspirieren und zu motivieren, ihr persönliches Dasein und Denken zu überprüfen. Individuelle verborgene Wünsche, Träume und Sehnsüchte zu erspüren, zu realisieren, um dann das Beste daraus zu machen.

Ich habe mich ganz bewusst auf Frauen spezialisiert, denn ich bin der festen Überzeugung, wenn es den Frauen gut geht, sie ausgeglichen sind, ihr unmittelbares, persönliches Glück spüren, sich selbst akzeptieren und wertschätzen, dann profitieren ihre Kinder, ihre Partner und ihre gesamte Umwelt davon. Das macht die Welt um ein ganzes Stück glücklicher.

Ich habe verstanden, dass ich nur wirklich und wahrhaftig glücklich sein kann, wenn ich auf die Stimme in meinem Herzen höre. Sie alleine kennt meine Sehnsucht. Wenn wir alle unsere Ängste und Sorgen einer höheren Macht übergeben und in das absolute Vertrauen und den Glauben gehen, wird alles gut. Dieser Weg ist steinig und tränenreich, er fordert Kraft, Mut und Ausdauer, doch der Lohn wird deine persönliche FREIHEIT sein.

Wann beginnt die Ehrlichkeit?

Die Ehrlichkeit, zu meinem Selbst zu stehen, mich so zu achten und zu respektieren wie ich wirklich und wahrhaftig bin. Mit allen Ecken, Dellen und Beulen, die ich mir in diesem Leben zugefügt habe. Denn meistens war ich es selbst, die dieses "Wunder" vollbrachte. War es selbst, die mich Dinge tun ließ, die ich so nie wollte. Dinge, die ich mir aufzwang und mich damit selbst verletzte. Immer und immer wieder haderte ich mit mir, zweifelte an mir, gab mir die Schuld an irgendwelchen Tragödien. Doch warum tat ich das? Manchmal, in einer stillen Stunde, blickte ich in mein Herz - voller Sehnsucht und Hoffnung darauf, dass sich alles zum Guten wenden würde.

Was bewog mich dazu, so mit mir umzugehen, so hart mit mir selbst zu sein, so wenig Verständnis für meine eigenen Gefühle aufzubringen?

Angst, die Liebe der Menschen zu verlieren,
die mir nahestehen?
Angst davor, nie gut genug zu sein?
Angst zu versagen?
Angst, nie anerkannt und geachtet zu werden?
Angst vor Ablehnung?
Angst vor Nähe und Angst vor der Einsamkeit?

Ja, die liebe ANGST machte mir so manches Mal ganz schön Angst. Ist doch irgendwie verrückt, oder? Wir sind auf dieser wunderbaren, großartigen Welt, um uns des Lebens zu erfreuen, glücklich zu sein, Spaß zu haben, zu leben und zu lieben. Und was tun wir oder zumindest der Großteil der Menschheit?

Es ist wichtig, die einzigartige Chance zu nutzen, sich des Lebens zu freuen, es mit Dankbarkeit zu füllen, es zu erspüren, es einfach in Liebe zu leben. Ich habe in den letzten Monaten und ganz speziell in den letzten Tagen begriffen, worauf es für mich ankommt. Dafür bin ich sehr, sehr dankbar. Jetzt gilt es für mich, diese Werte, die ich neu definiert habe, in mein Leben zu integrieren und sie zu leben. Denn sie sind es wert, ehrlich gelebt zu werden.

Schließe deine Augen und
erspüre die Verspannungen deines Körpers,
erspüre das Sehnen deines Herzens,
erspüre den Auftrag deiner Seele!
Öffne deine Augen und schreite mutig voran!

Ulla Seifert

Lass mich bloß los, du Schweinehund

Regen, Regen, Regen. So langsam werde ich missmutig und ungeduldig, ich wünsche mir die Sonne herbei. Die Sonne, die den Tag erhellt und mein Herz erwärmt. In mir ist heute eine besonders große Unruhe, ich spüre teils Verärgerung und dann wieder Lethargie. Ich schleppe mich so richtig durch den Tag, beginne vieles und beende wenig. Fummele hier und da und kriege nix gebacken. Mein persönlicher Schweinehund liegt mir ständig im Weg und lässt sich auch nicht mit guten Worten verscheuchen. Er ist total hartnäckig und bringt mich ganz durcheinander.

Ich nenne ihn jetzt mal Elvis, denn das Wort Schweinehund klingt so hässlich. Wenn ich ihn mit Elvis anspreche, wird er vielleicht besänftigt und verkrümelt sich in die nächste Ecke. Also, Elvis verfolgt mich heute schon den ganzen Tag, er ist penetrant und aufdringlich. Gestern Abend nahm ich mir so einiges für heute vor, z.B. die lästige Steuererklärung, die schiebe ich schon reichlich lange vor mir her.

Dann heute Morgen, Augen auf und was sehe ich schon wieder: Regen, Regen, Regen ... Plumps, meine Motivation rauscht mit einem riesen Knall in den Keller. Watt nu, denke ich und Elvis leckt sich schon erwartungsvoll und motiviert die Pfoten. O.k., ich tue mal so, als hätte ich nichts bemerkt und mache mir Frühstück: eine leckere Obstschale, zumindest die weckt sommerliche Gefühle. Blick aus dem Fenster, es sieht am Morgen schon aus, als wäre es

gleich wieder Abend. Elvis flüstert mir zu: "Bei dem Scheißwetter habe ich keine Lust etwas zu machen, auch keine Steuererklärung." Alles klar, dann lass mich mal schauen, wer so im Internet unterwegs ist. Ja, da tummeln sich so einige Leutchen und es gibt viel zu berichten, doch dazu habe ich ebenfalls keine rechte Lust. Los, ran an die Steuererklärung! Ich hole meine Ordner und fange zu sortieren an, Lustfaktor gleich NULL und Elvis brummt, ich solle es doch auf morgen oder am besten auf nächste Woche verschieben. "Schnauze, du Schweinehund! Ich will das jetzt tun." Ohne ihn weiter zu beachten, mache ich mich ans Werk und lege einen Affenzahn zu.
Stell dir vor, es klappt. Es ist doch tatsächlich möglich, Elvis zum Schweigen zu bringen - mit eiserner Disziplin und Durchhaltevermögen. Ich habe es wirklich vollbracht und bin jetzt schon ein bisschen stolz auf mich - Ulla ist die Siegerin. Er liegt nun in der Ecke und ist ein wenig beleidigt, doch das hält bei ihm nie lange an. Ich wette, morgen ist er wieder aktiv und bereit, seine Verführungskünste an mir auszuprobieren.

Also, denke daran: Ab und zu darf er sich breitmachen und sich so richtig tätscheln und verwöhnen lassen. Doch es gibt Zeiten, da sollte er wissen, dass sein Platz in der Ecke ist und er gefälligst die Klappe zu halten hat.

Alles zu seiner Zeit ...

Befreites Herz

Was in den letzten Wochen und Tagen mit mir passiert, ist so unglaublich, dass ich es selbst kaum fassen kann. Seit dem Tag, an dem ich mich entschlossen habe, meinen eingeschlagenen Weg weiterzugehen, auch wenn ich noch wenig Ahnung habe, wie das funktionieren soll, fühlt sich alles unbeschreiblich gut an. Die Mauer um mein HERZ, die ich dort im Laufe meines Lebens hochgezogen habe, wird bedächtig Stein um Stein abgetragen.

Langsam fühlt es sich schon viel freier, leichter und beschwingter an. An gewissen Tagen kommt es mir so vor, als würde mein LEBEN jetzt erst so richtig beginnen. Also Mädel, du kannst beruhigt sein, auch mit 52 Jahren ist das Leben großartig und wird immer angenehmer, prächtiger, spannender und reizvoller!
Wenn ich daran denke, wie verkrampft, ängstlich und im fortwährenden Kampfmodus ich die letzten Jahre verbracht habe, wird mir ganz schlecht. Mein Elvis auf der rechten Schulter lacht sich kaputt und will mir einreden: "Hättest mal vorher auf die anderen hören sollen, gell?" Pustekuchen, nix da ... All das gehört zu meiner Entwicklung unabdingbar dazu. Ohne diese beschwerlichen Zeiten wäre ich nie zu der Frau geworden, die ich heute bin. Das ist doch grenzgenial!

Es ist ein wirklich erhebendes Gefühl, die Dinge so zu nehmen, wie sie sind. Ohne ständig alles in Frage zu stellen und mit mir SELBST zu hadern. Ich kann die Umstände oft wenig beeinflussen, jedoch die Art, wie ich damit umgehe, wie ich meine Gedanken darauf fokussiere und welche Gedanken ich grundsätzlich täglich zulasse.

Ich bin unendlich dankbar für all die Erfahrungen, die ich in meinem Leben machen durfte. Dankbar für den Mut, den ich schon oft bewiesen habe.

Ich bin dankbar für die vielen Tränen, die ich weinen durfte, denn sie haben meine Seele gereinigt.

Ich bin dankbar für die Menschen, die meine Wege gekreuzt haben. Manche davon haben einen Platz in meinem Leben gefunden, andere wiederum haben es verlassen, einige waren nur auf der Durchreise und wieder andere hatten eine Lernaufgabe für mich, die ich nicht immer gleich gesehen, gehört und zugelassen habe.

Nutze die Zeit der Veränderung für dich selbst, traue dich und gehe ins Vertrauen und die Dankbarkeit.

Ich wünsche allen Menschen solch wundervolle Erfahrungen. Das Einzige, was dich allerdings dazu bringen kann, ist die Stimme deines Herzens. Deine Wünsche, deine Träume und das, was du vom Leben willst, liegen darin verborgen und wollen gehört werden. Nimm die Finger aus deinen OHREN und höre künftig ganz genau hin!

Die Stimme spricht mit dir - wenn du es zulässt!

Gestatten: ELVIS

Gestatten: ELVIS. Mein Name ist Elvis und ich bin Ullas ganz persönlicher Schweinehund. Ich bin immer zur Stelle, wenn sie mich am allerwenigsten gebrauchen kann. Sorry, doch das ist eben mein Job. Ich denke, ich bin sehr wichtig, denn mein Auftrag lautet: verwirren, verunsichern, Unruhe stiften, verärgern, beunruhigen, empören, Missmut schüren, streitlustig sein, Zwietracht säen, unter Druck setzen.

Sicher würden mir noch ganz viele wundervolle Eigenschaften einfallen und die Liste könnte bis ganz nach unten gehen. Doch ich will an dieser Stelle mal bescheiden sein und nicht ganz so angeben. Es ist absolut notwendig, dass es mich gibt, denn ich stelle meine Herrin immer wieder auf die Probe. Bleibt sie standhaft oder kippt sie um?

In früheren Jahren war es für mich ein Leichtes, sie aus dem Gleichgewicht zu bringen. Ich habe mir wirklich oft ins Fäustchen gelacht, wenn ich sah, wie sie mit einer Entscheidung gerungen hat. Das war ein echtes Freudenfest für mich und ganz ehrlich ... hihihi … ich habe fast immer gewonnen.

Denn von Vernunft war bei ihr oft keine Rede, selbst schuld. Sie hat sich immer schwer damit getan, etwas mit Ruhe und Gelassenheit zu entscheiden, sondern immer aus der Hektik und inneren Unruhe. Damit ist sie dann ständig wundervoll auf die Schnauze gefallen. Ja, so ist es, wenn der Schweinehund das SAGEN hat und die Vernunft eingetütet wird. Ich konnte sie immer schön aufs Glatteis führen, sie hat dann ein paar Pirouetten gedreht und schwups eine Bauchlandung hingelegt. Das waren Freudenfeste für mein persönliches Ego und ich war fast immer der Sieger in diesem Spiel. Ich konnte sie so wunderbar von ihren Vorhaben abbringen, habe ihr immer wieder eingeflüstert, wie anstrengend es doch ist, schon am Morgen zum Walken zu gehen. Was habe ich mir alles einfallen lassen: Es ist zu kalt, zu heiß, ich bin noch müde, heute Abend geht es bestimmt besser, ich habe so viel zu tun, auf der Couch ist es enorm gemütlich, ich sollte die Wohnung putzen (doch auch da kam ich zum Einsatz). Gewonnen, sie bleibt zu Hause, dafür ärgert sie sich dann den ganzen Tag und schimpft in Gedanken mit sich herum. Schüttelt dauernd den Kopf und ist sauer auf sich selbst. Pech gehabt, junge Dame, du hast dich entschieden.

Doch seit ein paar Monaten mache ich mir richtig Sorgen. Sie denkt viel zu viel nach, spürt in sich hinein und entscheidet dann. Spinnt sie jetzt völlig? Was soll das? Ich komme kaum noch zum Zug, so sehr ich mich auch anstrenge. Was ich mir alles einfallen lassen muss, um sie von ihrem geplanten Vorhaben abzubringen, ist echt der Hammer. Die steckt sich glatt die Finger in die Ohren oder ignoriert mich völlig. Sie spricht laut mit mir und verlangt, dass ich die Schnauze halte. So kann sie nicht mit mir umgehen, ich brauche Beachtung und will gehört werden. Was soll ich bei einer Frau, die weiß, was sie will? Und das auch noch ohne Wenn und Aber durchzieht? Was soll ich bei einer Frau, die gnadenlos das tut, was sie sich vorgenommen hat? Hey, bin ich jetzt überflüssig?

Nein, ich bleibe und werde auf die schwachen Momente warten. Auf Zeiten, in denen ich sie packen kann, da nämlich, wo sie noch schwach und zögerlich ist. Sie ist auch "nur eine Frau" und ich habe Zeit. Irgendwann knickt sie ein, kippt um, wird wieder so, wie sie einmal war: leicht zu beeinflussen, wankelmütig, unüberlegt, schlecht gelaunt, verwirrt und voller Zweifel … wetten? Dann bin ich da, wieder zur Stelle, lecke meine Pfoten und mache ihr so richtig schön Schwierigkeiten, dann kriegt sie alles zurück. BASTA!

Ich gebe alles

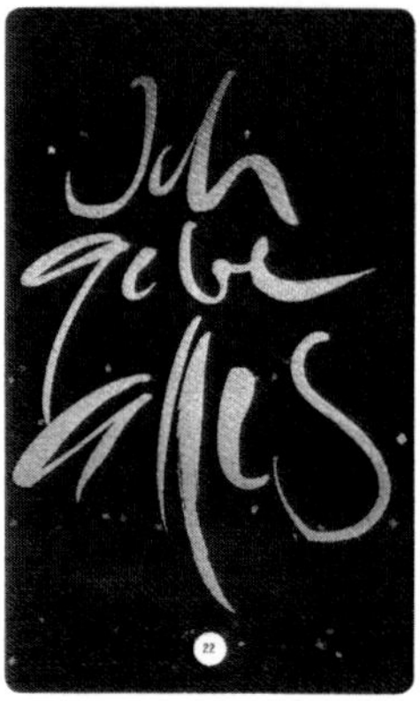

Sign by Jwala Gamper

Heute Morgen werde ich von wundervollem Sonnenschein geweckt - endlich wieder warm, blauer Himmel und Sonne, endlich hinaus in die frische Luft ohne "Winterjacke" im Handgepäck. In mir entsteht sofort ein Gefühl der Geborgenheit und der großen Freude auf den heutigen Tag.

Ich habe die wundervolle Gabe, schon am frühen Morgen gut gelaunt zu sein und springe rucki, zucki aus dem Bett. Rein ins Bad und dann in die Küche, um mir mein leckeres Müsli mit Obst zuzubereiten. Während der Kaffee kocht, gehe ich ins Wohnzimmer und plötzlich, völlig unerwartet, packt mich die ANGST.

Mein Herz fängt wie wild an zu klopfen und mein Puls überschlägt sich fast. Heute ist schon der 23. Mai. In acht Tagen endet mein Gründungszuschuss und der von mir erwartete Erfolg ist bisher ausgeblieben. In Windeseile breitet sich Panik in mir aus. Meine Existenz ist gefährdet, was soll ich jetzt bloß tun? Vor meinem inneren Auge tauchen aus dem Nichts fürchterliche Bilder auf. Ich sehe mich schon wie Neal Donald Walsch in der Mülltonne sitzen und nach Essen suchen. Mein Herz klopft immer lauter und heftiger. Noch eine Woche und dann?

Einem Impuls folgend, nehme ich mein Sign-Kartenset von Jwala Gamper in die Hand, halte die Karten an mein Herz und gehe ganz in mein Gefühl des Schreckens hinein. Ich mische alles und breite die Karten vor mir aus. Bedächtig ziehe ich eine aus dem Stapel heraus. Ganz langsam drehe ich sie um - ich halte die Karte "ICH GEBE ALLES" in der Hand. In der ersten Sekunde denke ich: "Na toll, habe ich etwa nicht alles gegeben?" Sofort schleichen sich meine Schuldgefühle wieder ein. Okay, ganz langsam Ulla, erst einmal lesen und dann aufregen!

Ich gebe alles

Allen Mut fasse ich zusammen.
Jede Faser meines Seins wird lebendig.
Ich hole tief Luft und: SPRINGE

Mein erster Gedanke ... wie doof ist das denn?

Ein mittelmäßiges, halbherziges Leben interessiert
dich nicht.
Du bist nicht hier, um ein lauwarmes Dasein zu fristen.
Ohne Identität und Leidenschaft.
Du bist auf den Geschmack gekommen und weißt,
dass du Risiken eingehen musst,
um intensiv und total zu leben.
Erst wenn du alles riskierst, lernst du wahrhaft
auf der Klaviatur des Lebens zu spielen.
Alles andere sind nur Trockenübungen.
Jetzt zeigt sich, warum du hier bist.
Jetzt zeigt sich, was du wirklich gelernt hast.
Wende dieses Wissen an.

Mir schießen die Tränen in die Augen. Genau das ist es, was ich die ganze Zeit schon fühlte, mich aber nicht traute zuzugeben. Ich bin getragen und darf VERTRAUEN, dass alles zu meinem BESTEN geschieht. Jeder meiner Schritte ist wichtig, sie gehören alle zu meinem ureigenen Prozess, auch wenn mir dieser unbekannte Weg bisweilen Angst einflößt.

Mein Herz fließt über vor Freude und Erleichterung. Alles ist gut.
Diese Erkenntnis habe ich mir bis heute bewahrt, wenn ich auch ganz offen zugeben möchte, dass sich dann und wann doch wieder die Frage in meinen Kopf schleicht: "Ist es wahr, kann ich wirklich auf mein Gefühl vertrauen?"

Mal Hand aufs Herz, vertraust DU?

ICH SPRINGE ...

Der Botschaft des eigenen Herzens zu vertrauen, bedeutet, an sich SELBST zu glauben.

Ulla Seifert

Lebensaufgabe

Arbeiten, um Geld zu verdienen, war gestern.
Ab heute lautet das Ziel:
Arbeiten, um persönliche Erfüllung zu finden.

Diese Sätze stehen auf der Rückseite des Covers von John Streleckys Buch "The Big Five for Life".

Diese Worte berührten mich sehr und regten zum Nachdenken an. Die großen FÜNF in meinem Leben, was sind sie und vor allem wo sind sie? In welchem Winkel meines Herzens haben sie sich versteckt oder einfach nur zurückgezogen? Wo um alles in der Welt sind sie geblieben, warum habe ich sie verdrängt und in die Ecke geschoben? Warum fällt es mir so schwer, einmal ganz intensiv darüber nachzudenken, was ich wirklich und aus ganzem Herzen für einen Auftrag in dieser Welt habe?

Dass ich einen habe, weiß ich seit meinem 10. Lebensjahr. Meine Oma starb und für mich brach zum ersten Mal eine ganze Welt zusammen. Ich fühlte mich verlassen, schutzlos, hilflos und unendlich traurig. Ganz alleine musste ich meine Trauer bewältigen. Es war niemand da, der mich in die Arme nahm und mir Trost und Zuspruch schenkte, denn die Menschen in meiner Umgebung waren alle mit ihrer eigenen Traurigkeit beschäftigt. In dieser Zeit war ich ausschließlich auf mich gestellt und manchmal kam mir der Gedanke, was ich auf dieser Erde noch sollte. Tief in meinem Herzen spürte ich eine große Sehnsucht. Eine Sehnsucht, etwas BESONDERES zu tun. Etwas, das die Herzen der Menschen erfreut, inspiriert, begeistert und bewegt.

Heute bin ich 52 Jahre alt und immer noch spüre ich dieses Feuer in mir, die Menschen zu bewegen, sie zu überraschen und zu motivieren, ihr Leben nach ihren eigenen Maßstäben zu leben. Zu lachen und zu weinen, sich verzaubern zu lassen von der Schönheit dieser Erde. Sie zu ermutigen, sich neue, selbstverantwortliche Ziele zu setzen und sich zu trauen, sie zu realisieren. Ich fühle mich sehr wohl dabei und es bereitet mir große Freude, Menschen zu begeistern. Doch ich merke, dass ich dabei manchmal selbst auf der Strecke bleibe. Es passiert oft, dass ich meine eigenen Ziele aus den Augen verliere, dass ich mich verzettele und völlig im Außen bin. In manchen Momenten gelingt mir recht wenig und zum wiederholten Male schleicht sich der Gedanke ein, wieder aufzugeben. Doch genau in solchen Sekunden darf ich mich wieder an mich selbst erinnern, an meine Träume, Wünsche und Hoffnungen.

Die Big Five in meinem Leben werden regelmäßig überprüft. Ich beobachte sie ganz genau und entscheide dann, ob sie für mich noch stimmig sind. Denn die Möglichkeit besteht immer, dass sich der eine oder andere Punkt verändert oder ich ihn ergänzen kann.

Es ist eine wunderbare Aufgabe, Menschen zu helfen, ihre Bestimmung zu finden. Für mich ist es jedoch sehr wichtig, die eigenen Ziele im Auge zu behalten und daran zu arbeiten. Eines dieser großen "FÜNF" ist für mich das Schreiben. Seit meiner Pilgerwanderung ist eine innerliche wundersame Verwandlung vonstattengegangen. Ich bezeichne diese Zeit immer als Waschstraße. Ich wurde so richtig eingeseift, abgeschrubbt, von alten Denkmustern und eingefahrenen Gewohnheiten gereinigt. Ich bin losmarschiert mit einem Kopf voller Sorgen, Ängsten und bangen Fragen nach meiner

Zukunft. Angekommen bin ich gereinigt, gestärkt und mit klaren und wunderbaren Ideen.
Jetzt bin ich ehrlich, authentisch, inspirierend und glaubwürdig!

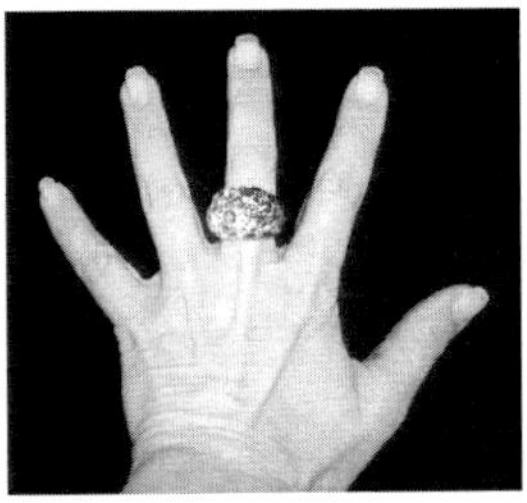

Meine Big Five:

K inder in Not unterstützen und vor Ort aktiv sein
R eisen, viel unterwegs sein, beruflich wie privat
A utorin werden und viele erfolgreiche Bücher publizieren
F ür meine persönliche innere Ruhe und Stabilität sorgen
T üren öffnen für Menschen, die sich verändern möchten, sie durch meine Bücher, Vorträge und Auszeitreisen motivieren und inspirieren

Es ist immer großartig, wenn Menschen sich gegenseitig unterstützen, fördern und helfen, ihre Ziele zu erreichen. Ich freue mich sehr über deine Hilfe, meine Ideen, Wünsche und Träume zu verwirklichen. **Danke!**

Sehnsucht des Kindes

Als ich gestern Abend mein Schlafzimmer betrat, fiel mein Blick auf eines meiner Kinderfotos. Ich denke, ich war ungefähr 5 Jahre alt, als es aufgenommen wurde. Dieses Bild hängt seit Jahren in diesem Raum, allerdings habe ich ihm noch nie in irgendeiner Form Beachtung geschenkt. Doch am gestrigen Abend zog es mich wie magisch an und ich schaute der kleinen Ulla in die Augen. Sofort kamen mir die Tränen und ich heulte wie ein Schlosshund. Was war los, was passierte da mit mir? Ich stürzte in ein völliges Gefühlschaos und wurde von Weinkrämpfen geschüttelt. Verzweifelt rang ich mit meinen Empfindungen und war total erschüttert von meiner Reaktion.

Ich stellte mich vor mein Bild und betrachtete es ganz genau. Während mir die Tränen in Sturzbächen über die Wangen liefen, blickte ich mir selbst ins Gesicht - in das Gesicht eines kleinen Mädchens, das die Hoffnung auf ein wundervolles Leben in sich trägt. Ich sah ein schüchternes, zaghaftes Lächeln. Ein Lächeln, das noch etwas unsicher ist. Ein Lächeln. das sich entfalten möchte. Was mich jedoch am meisten faszinierte und gleichzeitig tief erschütterte und berührte, waren meine Augen. Sie strahlten Freude, Liebe, Hoffnung, Neugierde, ein bisschen Verlegenheit und Glück aus.

Ich schloss die Augen und versuchte, mir das kleine Mädchen vorzustellen, hineinzuspüren, was damals in mir vorging, wo meine Wünsche und Sehnsüchte sich verborgen hielten. In

meiner Erinnerung war ich ein fröhliches, aufgewecktes Kind mit einem Hang zur Träumerei. Immer wieder hatte ich mir seinerzeit mein Leben in den schönsten Farben ausgemalt. Prinzessin wollte ich werden und unbedingt einen Prinzen heiraten, der mich mit auf sein Schloss nimmt, der mich beschützt und immer für mich da ist. Schöne Kinderträume, doch damals war das wundervoll. Ich kann mich an dieses wohlige Gefühl erinnern - spüren, wie es sich anfühlt, beschützt, geliebt, geachtet zu sein. Oh, wie herrlich ...

Wie anders ist mein Leben verlaufen, wie viel Schmerz habe ich ertragen, geduldet, herbeigeführt. Doch das war meine Entscheidung, ich habe es so gewollt - bewusst oder unbewusst. Heute ist mir mein Weg klarer. Heute verstehe ich, warum vieles so geschehen durfte. Heute hat es "klick" gemacht.

Die Augen der kleinen 5-jährigen Ulla haben mich zu Tränen gerührt, denn in ihnen liegt die Unschuld der Kindheit, die Freude auf dieses Leben, die Hoffnung und das Wissen, etwas ganz BESONDERES zu sein.

Ich hole es mir zurück ... JETZT!

Küss dich,
du bist eine verzauberte Prinzessin

Warum wollen kleine und große Mädchen immer einen Prinzen haben?
Warum bildest du dir ein, dieser Prinz könnte dein Leben verschönern?
Warum suchst du dein Glück ein Leben lang im Außen?

Wäre es nicht hervorragend, dir selbst den Befreiungskuss zu geben?
Dich höchstpersönlich aus deinem eigenen selbst gebastelten Gefängnis zu katapultieren?
Deine individuellen Wünsche, Ziele und Lebensvorstellungen allein aus deinem eigenen Leben zu schöpfen?
Endlich die Stimme deines Herzens zu erhören?

Was bitte ist daran so schwierig?

Die Meinung der anderen Menschen: Was würden sie sagen, denken und eventuell an andere weiterquatschen?
Wie stehe ich da, wenn ich nur auf mich schaue, das ist doch egoistisch? Das ist nun mal so, so geht es allen Menschen! Das Leben ist kein Zuckerschlecken und erst recht kein Ponyhof!
Wenn das alle machen, wie würde die Welt dann aussehen? Sodom und Gomorrha!

Ich finde, das Leben ist ein Theaterstück und ich darf die Rolle spielen, von der ich denke, dass sie mir zusteht. Es gibt zum Beispiel die Kulisse, den Regisseur, den Kameramann, den Stuntman, die Visagistin, die Statisten, den Nebendarsteller und den **Hauptdarsteller**.

Welche Rolle spielst DU in deinem Theaterstück? Setze DICH kurz hin, schließe die Augen und spüre in DICH hinein. Spüre die Rolle, die DU gerade einnimmst. Ist es genau das, was du möchtest, ersehnst, erträumst, erhoffst? Wie fühlt sich DEINE Rolle an, die DU zurzeit innehast?

Oder gibt es da noch eine andere, ganz leise, kaum hörbare Stimme, die DIR etwas sagen möchte? Die DIR genau das sagen möchte, was DEIN Herz sich ersehnt.

Überschäumende Freude, spürbares Glück, Erfolg in dem, was du gerne machst. Leichtigkeit, Freiheit, Abenteuerlust, Unbeschwertheit und von Liebe erfüllt sein.

Wir haben das große Glück, in einer Welt zu leben, die alles für uns bereithält. Hier braucht also keine Frau mehr im Dornröschenschlaf zu liegen und darauf zu warten, dass ein Prinz sie wachküsst. Küss dich Prinzessin, wache auf, die Welt wartet auf DICH! Frösche haben wir hier eh schon genug.

Ein Himmel voller Arschgeigen

Ich bin mir ganz sicher, dass auch du zu den Frauen gehörst, die sich im Laufe ihres Lebens den einen oder anderen Mann hätte ersparen können! Stimmt´s?

Diese Frage ist sicher so alt wie die Welt und manche Männer sind ja immer noch eine Art Neandertaler oder verhalten sich zumindest so. Doch wir Frauen lieben sie, schmachten sie an, lesen ihnen jeden Wunsch von den Lippen ab. Verbiegen und verrenken uns, laufen uns die Füße platt, um nur ja eine gute Figur zu haben. Verzichten auf so manche kulinarische Sünde, damit MANN seine tolle schlanke Frau präsentieren kann. Ziehen einen langweiligen Abend mit dem Gatten auf der Couch dem lustigen, viel versprechenden Abend mit den Mädels vor.

Müsste das nicht umgekehrt sein?

Wenn ich auf mein 52-jähriges Leben zurückblicke und mich an die Männer in meinem Leben erinnere, dann stellen sich mir die Nackenhaare hoch. Nein, nicht weil die Jungs so greislig waren, so gemein, so hinterhältig, so berechnend, so abfällig, so verächtlich. Sondern weil ich so deppert war, mir alles bieten zu lassen. Die Herren konnten ja nichts dafür, denn es gibt ja bekanntlich immer zwei, die beteiligt sind: die einen, die MACHEN, und die anderen, die MACHEN LASSEN.

Ich war eine MACHENLASSERIN.

Immer und immer wieder durfte ich erleben, dass ich Männer in mein Leben zog, die mir nicht gut taten. Ich ließ mich ständig verletzen, meine Wünsche blieben oft unbeachtet, meine Meinung war selten gefragt und ich ließ es zu, dass meine Gefühle völlig ignoriert wurden. Die Folge war, dass ich mich ängstlich, ungeliebt, bedrückt, beklommen, deprimiert, enttäuscht, frustriert, hilflos, lustlos, nervös, schuldig, missmutig, unzufrieden, verärgert, wütend, verzweifelt und total zornig fühlte. All meinen Zorn richtete ich zuerst auf ihn und dann unmittelbar danach gegen mich selbst.

Die Wut und die Verzweiflung, die ich meiner eigenen Person entgegenbrachte, hatten fatale Folgen für meine Gesundheit. Ich bekam vermehrt Panikattacken und war somit in meinem Lebensfluss völlig eingeschränkt. Es gab Tage, an denen ich mich nicht mehr aus dem Haus traute. Es gab Wochen, in denen ich mich ständig zum Arzt schleppte, denn in ihm sah ich damals meine einzige Rettung. Fortwährend begleitete mich die Frage, warum immer ich?

Eine Runde MITLEID, bitte!

Die Männer, die lieb, freundlich, wertschätzend und zärtlich zu mir waren, hatten absolut keine Chance - das waren doch nur Hohlroller, wer will denn so einen? Ich ganz sicher nicht!
Hat dies auch etwas mit Opferrolle zu tun? Aber für was will ich mich opfern? Warum zieht es mich zu einem Mann, bei dem ich vorher schon genau weiß, dass er mir nicht gut tut? Er ist ein Macho, ein Blender, ein Schwätzer und alle warnen mich vor ihm. Mein persönliches Frühwarnsystem hat immer super funktioniert - bei allen Freundinnen und deren Eroberungen. Bei mir selbst habe ich es einfach abgestellt, die rosarote Brille aufgesetzt, um mich in das nächste hausgemachte Chaos zu stürzen.

Vielleicht habe ich mir eingebildet, ihn erretten zu können. Beispielsweise aus seiner Ehe, in der er schon so lange unglücklich war, oder aus seinem ungeliebten Job. Die anderen werden schon sehen, was ich aus diesem Mann machen kann, die werden vor Verwunderung platzen. Pustekuchen, ich hatte mir mal wieder ein dickes Ei gelegt und bin in meine selbst aufgestellte Falle getappt.

Heute kann ich sagen, dass all diese Menschen zu meinem Leben dazugehören. Sie waren ganz und gar wichtig, sie waren meine Spiegel. In ihnen durfte ich mich erkennen und dafür danke ich aus tiefster Seele. Ihr Auftrag war es, mir meinen Weg aufzuzeigen. Sie traten so lange in mein Leben, bis ich verstanden hatte, worum es wirklich ging.

Nämlich um Wertschätzung, Achtung, Liebe, Freude, Glück, Selbstliebe und Selbstachtung. Wenn ich mich achte, ehre und wertschätze, dann brauche ich diese Spiegel nicht mehr. Dann darf mir ein Mann begegnen, der mir genau diese wundervollen Eigenschaften entgegenbringt. Durch den mein Herz sich öffnet und erblüht, der zu mir steht und mit mir so richtig fett glücklich sein kann.

Voll schlank oder vollschlank?

Na, wie hättest du es denn gerne? Mal so, mal so? Hast du dich wirklich einmal ernsthaft gefragt, was deine Figur für dich bedeutet, wie wichtig ist dir eine gute Figur?

Also, ich kann von mir behaupten, da steht ein großes Fragezeichen dahinter!

Das permanente Gerede vom Abnehmen, Zunehmen, Gewicht halten nervt mich selbst schon seit ewigen Zeiten. Doch was mache ich? Natürlich, richtig geraten: Ich quatsche genauso rum wie tausend andere Frauen, die sich einbilden, das Leben wäre nur auf eine super Figur aufgebaut und kann daher nur GLÜCKLICH sein, wenn die Waage die richtige Kilozahl anzeigt.
Da sind die Kolleginnen auf der Arbeit, die dich morgens schon mit einem freundlichen: "Mensch Ulla, hast du zugenommen?" begrüßen. Triffst du dich mit Freundinnen, ist der erste Spruch: "Hey, abgenommen? Wie hast du das denn gemacht?" Und alle sind wie versessen darauf zu erfahren, was gerade an Diäten "in" und "angesagt" ist.

Bei welcher Diät kann ich essen wie bisher und nehme trotzdem ab? Welche Diät kann ich machen, ohne dafür viel Geld auszugeben, und bei welcher Diät werde ich nie mehr dick?
Welch riesengroßem Irrtum wir da doch unterliegen. Ich habe mir wirklich mal die Mühe gemacht, mich hingesetzt und überlegt, wann ich mit meiner Figur einmal so richtig von Herzen

zufrieden war. Erstaunt stellte ich fest: NIE! Egal wie viel ich auch wog.
In meiner Jugend war ich dünn wie Twiggy, sie war zu der Zeit ja total in. Mir persönlich gefiel sie nicht, das darf ich dir verraten. So dünn fand ich eklig - nur Haut und Knochen.
Da ich ebenfalls sehr schmal war, wurde ich häufig von meinen Schulkameraden gehänselt und manchmal auch von meinen Schulkolleginnen gegretelt ... lach!

Sie meinten, ich hätte eine Figur wie Schneewittchen: hinten kein Arsch und vorne kein Tittchen! Ja, es stimmte, ich sah wirklich so aus. Hatte sich irgendjemand auch nur einmal Gedanken gemacht, was das für mich bedeutete? Nee, Pustekuchen, das war allen völlig egal. Wie anstrengend es war, meinen ausgestopften BH zu verbergen. Jedes Mal in der Angst zu leben, dass mein kleiner Betrug auffliegen würde. Ich kriege heute noch Gänsehaut, wenn ich daran denke. Diese Zeit kostete mich Jahre meines Lebens.

Kannst du dir vorstellen, welchen Kraftakt es bedeutete, immer so zu tun, als wäre alles in Ordnung? Nach außen lächeln und innerlich heulen ...

Röcke zog ich schon überhaupt nicht an, denn meine Beine waren dünn wie Trommelstöcke. Also her mit der Hose und alles schön verbergen. Mit ungefähr 16 Jahren hatte ich es endlich auf Körbchengröße A geschafft, rappeldünn war ich aber immer noch. Heute frage ich mich wirklich ernsthaft, was damals wohl in mir vorging, denn trotz meiner superdünnen Figur schlürfte ich Abführtee, was seinerzeit groß in Mode war. Außerdem schnürte ich meinen Unterleib in ein Monster von Miederhöschen, das mir bis unter die Brust ging. Ein

Alptraum und wofür bitte schön? Dafür, dass die Jungs mich toll fanden, mich beachteten, mich registrierten?
Oh, liebe Ulla! Heute weiß ich, dass es sich hierbei um mangelndes Selbstbewusstsein gehandelt hatte, was mir in jungen Jahren absolut unbekannt war.

Nach der Geburt meiner Tochter wurde meine Figur etwas fraulicher, aber auch das war wieder nicht in meinem Sinne. Also raste ich mit einer Freundin wie eine Irre durch den Wald, um die scheußlichen Pfunde loszuwerden. Ich wog damals gerade mal 55 kg. Wie bescheuert ist das denn? Wann sind wir Frauen mit unserer Figur zufrieden? Wann hören wir auf, unsere Gedanken auf die Pfunde unseres Körpers zu beschränken? Wann leben wir unser Leben und lieben unsere Figur so, wie sie ist?
Ich denke, bei einer gesunden, abwechslungsreichen Ernährung und ein bisschen Sport - aber aus Freude an der Bewegung, nicht aus dem Denken, ich muss abnehmen - ist vieles möglich. Setze dich in einer ruhigen Minute einmal hin und spüre in dich hinein. Wie geht es dir mit dem Gedanken an deine Figur? Welchen Stellenwert nimmt sie in deinem Leben ein und wie war das früher?

Es lohnt sich sehr, darüber nachzusinnen. Vielleicht löst sich für dich dadurch ein lange bestehendes Körperproblem. Probiere es einfach einmal aus!

"Das bisschen Haushalt", sagt ELVIS

Wer bitte putzt, saugt und staubt gerne ab? Wer bitte hat Lust, die Wäsche aufzuhängen und dann zu bügeln? Wer bitte spült gerne und trocknet ab? Wer bitte räumt gerne auf oder entrümpelt? ICH AUF KEINEN FALL?

Seit frühester Kindheit ist das ein Alptraum für mich und ich versuche, mich stets gekonnt davor zu drücken. Meiner Mama war es damals oft zu lästig, meine Putzaktionen zu kontrollieren oder mich ständig daran zu erinnern, dass ich jetzt endlich mal anfangen soll. Zur Strafe - für mich - (lach) erledigte sie es dann oft selbst. Eine Art von Strafe also, die ich gerne auf mich nahm und von der ich nie genug bekommen konnte. Was zur Folge hatte, dass ich natürlich immer besser in meinem "Ich drücke mich dann mal" wurde. Wenn nichts mehr half und Mama darauf bestand, sofort mit dem Putzen zu beginnen, streckte ich ihr provokativ meine Hände hin und sagte, dass das keine PUTZ- und SPÜL Hände sind. Basta!
"Was soll aus diesem Kind mal werden? Die kriegt das doch nie hin mit einem eigenen Haushalt. Sie wird im Dreck ersticken! Der arme Mann, der sie mal heiratet, kann mir heute schon leidtun." Super! Toll!

Dieses innere Sträuben, die Hausarbeit zu erledigen, existiert heute immer noch. Hier hat Elvis beständig die Oberhand und geht allzeit als Sieger hervor. Wenn ich beabsichtige zu bügeln, gelingt es ihm spielend leicht, mich gekonnt von meinem Vorhaben abzubringen und ich genieße es sogar, auf ihn hereinzufallen. Gerne höre ich mir seine Ablenkungsmanöver an, z.B.: "Es ist zu heiß, wer will denn bei so einem Wetter bügeln. Geh doch lieber nach draußen. Bügeln kannst du, wenn es reg-

net. Lies doch lieber das schöne Buch, die Wäsche läuft dir nicht davon."
Liebend gerne gehe ich auf seine Forderungen ein. Werfe ich dann am Abend einen Blick in mein Zimmer und sehe den Wäschekorb unerledigt stehen, schüttele ich den Kopf und komme zu dem Schluss, dass auf die Heinzelmännchen heutzutage auch kein Verlass mehr ist. Heimlich, still und leise schleicht sich bei mir so etwas wie Ärgernis ein. Ich bin ein bisschen sauer mit mir und schiebe ausnahmslos die Schuld auf Elvis.
Am nächsten Morgen beginnt das Spiel von vorne. Liebevoll streiche ich mit dem Finger über meine Bücherregale, um die Dicke des Staubes zu prüfen. Elvis sitzt auf meiner Schulter, kichert und flüstert mir zu: "Das ist zu wenig, warte noch eine Woche, dann lohnt es sich eher." Ich glaube, er hat Recht, nächste Woche ist früh genug.

Schwups, hat er mich wieder am Schlafittchen gepackt und ich lasse mich gerne von ihm bequatschen. Siehst du, mein Lieber, hier bist du immer Sieger, hier höre ich zu gerne auf dich. Wenn ich dann wirklich mal das Putztuch schwingen will, muss ich dich wohl erst knebeln und fesseln.
Es soll ja wirklich Frauen geben, die das gerne machen. Frauen, die darin aufgehen zu putzen, zu saugen, zu bügeln. Ich denke, diese Frauen tragen zu Recht den Namen "PERLE", denn das sind sie wirklich und haben meine ganze Hochachtung.

Dafür koche ich leidenschaftlich gerne. Nur: Wer räumt anschließend die Küche auf?

Willkommen lieber Arschengel

Irgendwie sind wir doch schon alle einmal einem solchen Wesen begegnet, wir haben es vielleicht nur nie bemerkt oder erkannt. Denn Arschengel können in ganz verschiedenen Gestalten auftreten: jung, alt, groß, klein, blond oder schwarz, Mann, Frau oder sogar als Kind. Ich habe sogar schon gehört, dass sie sich in einem Tier, z.B. Katze oder Hund, verstecken können. Alles ist möglich!

Sie begegnen dir ständig: auf der Arbeit, auf der Straße, in deiner Familie, deinem Freundeskreis, deinem Verein ... überall lauern sie und warten auf eine günstige Gelegenheit, dir eins reinzuwürgen. Sie schaffen es, dich so richtig wütend zu machen, sie bringen dich zur Raserei und auf die berühmte Palme. Du könntest sie erwürgen, verfluchst sie, bist fassungslos, sie machen dich traurig, wehmütig, sie rütteln dich so richtig durch. Sie erzeugen in dir ein regelrechtes Gefühlschaos von Zorn, Hass, Wehmut, Wut, Unverständnis, Argwohn, Verunsicherung, Selbstzweifel, Traurigkeit und Hilflosigkeit. Sie drücken zur richtigen Zeit die richtigen Knöpfe und du stehst da und verstehst die Welt nicht mehr. Du fühlst dich schuldig, ertappt, ausgegrenzt, missverstanden, verwirrt, enttäuscht, ausgenutzt und betroffen.

Warum ist das so? Woran liegt es, dass es Menschen gibt, die dich völlig aus dem Gleichgewicht bringen können? Warum lässt du dich immer wieder verletzen und bietest ihnen noch die andere Wange? Was hat das mit dir zu tun und warum immer DU?

Über dieses Thema habe ich mir sehr viele Gedanken gemacht,

da mir in meinem Leben außergewöhnlich viele solcher Wesen begegnet sind. Doch sie tauchten tatsächlich immer dann auf, wenn es für mich nötig war.

Vor kurzer Zeit wurde in einem Seminar, an dem ich teilnahm, über diese "Arschengel" gesprochen und ich erfuhr, dass sie so etwas wie Boten für mich sind. Leider lenken sie ihre Geschicke oft so, dass wir sie als Bedrohung und Feind erkennen. Doch in Wirklichkeit sind sie da, um dir eine neue Richtung zu weisen. Sie kommen zu dir, um dir zu helfen, den richtigen Weg einzuschlagen. Sie helfen dir dabei, Entscheidungen zu treffen, und sie halten dir einen Spiegel vor. Wer bitte schaut schon gerne und ganz bewusst in diesen Spiegel? Ich persönlich durfte mich dabei ertappen, vor diesen "Spiegelmenschen" davonzulaufen.

Jedes Mal wenn ein solches Wesen meinen Weg kreuzte, war ich wütend und aufgebracht. Unaufhörlich verfluchte ich sie und wünschte ihnen die Pest an den Hals. Ich suhlte mich in meinem eigenen Mitleid und verstand die Welt nicht mehr.

Heute bin ich diesen Menschen unendlich dankbar, denn sie haben mir im wahrsten Sinne des Wortes Flügel verliehen. Ihnen habe ich meinen Weg zu verdanken, den ich jetzt gehe. Sie haben mir die Augen geöffnet und mir neue Perspektiven aufgezeigt.

Wenn dir ein Mensch begegnet, der dich in irgendeiner Form zu verletzen scheint, blicke tief in dein eigenes Herz und spüre, welche Botschaft er in Wirklichkeit für dich hat. Verändere deine Sichtweise und lass das Wunder zu. Danke ihm, denn er ist oft dein RETTER.

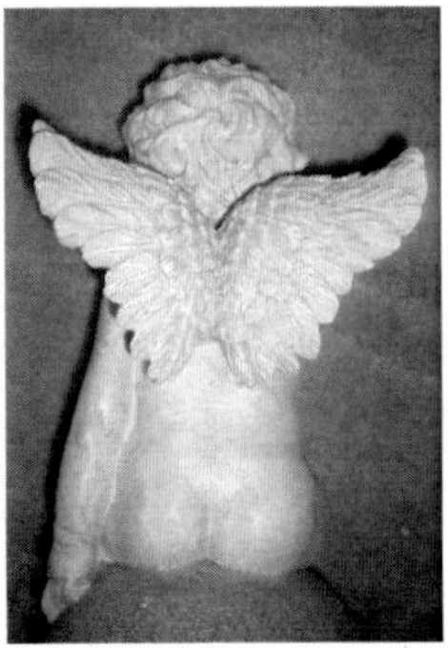

Mit dieser veränderten Einstellung nahm ich mir sehr viel von dem Schmerz, den negativen Gedanken, den Selbstzweifeln und der Selbstkritik. Es lässt sich viel entspannter und gelassener leben, wenn wir diese "Arschengel" in unserem Leben willkommen heißen, sie als Lehrmeister und Helfer erkennen und ansehen. Den Ausdruck Arschengel finde ich so wundervoll passend, dass ich ihn mir an dieser Stelle einfach klaue. Er wurde ursprünglich von einer Teilnehmerin eines Robert Betz Seminars kreiert. Tausend Dank an diese mir unbekannte Dame.

Hey du, was willst du von mir?
Willst du mich verärgern?
Willst du mir Schmerzen zufügen?
Willst du mir Böses?
Halte inne ... !
Vielleicht ist es dein Spiegel, blicke hinein.
Trau dich, es kann deine Rettung sein.

Ulla Seifert

Kuhkäfer
und was ich über andere Menschen denke

Während ich hier so sitze und schreibe, mir Gedanken über dies und das mache, mir neue Titel und Episoden aus meinem Leben ins Gedächtnis rufe, fällt mir folgende Begebenheit ein:

Vor zwei Jahren besuchte ich ein Seminar, denn zu dieser Zeit war es mir ganz wichtig, Freude in meinem Herzen zu fühlen und Platz zu schaffen für neue, wundervolle Begebenheiten. Ich hatte mir vorgenommen, alles so zu nehmen, wie es kommt - ohne etwas forcieren zu wollen. Fühlen und hinspüren, das waren zu diesem Zeitpunkt meine einzigen Wünsche.

Schon am Flughafen hatte ich die erste außergewöhnliche Begegnung, die meine Gedanken auf Hochtouren brachte. Ein Mann sprach mich an und wollte unbedingt wissen, ob ich auch zu diesem Camp fahre. Er teilte mir mit, dass er die Camp-Leute auf einige Meter Entfernung erkennen würde. Natürlich fragte ich mich sofort, wie ich wohl aussah und was ich aussandte, wenn er mich hier direkt erkannte? Merkwürdiges Gefühl, ich kam umgehend ins Grübeln. Machte ich etwa ein trauriges Gesicht oder einen gedrückten Eindruck? Waren meine Augen melancholisch? Fragen über Fragen und der Typ war mir auf Anhieb unsympathisch.

Ich hielt ihn mir vom Leib, indem ich ein kurzes "Ja" aussprach und ging dann in eine andere Richtung weiter. Doch der Kerl war hartnäckig und sein Gespür wohl etwas unterentwickelt, denn er ließ sich wenig beeindrucken von meinem Fluchtversuch. Gott sei Dank kamen immer mehr Menschen und er quatschte fleißig alle an, die dort herumstanden. Damit war ich ihn erst einmal los.

Im Bus hatte er natürlich den Sitz links vor mir, so dass ich gezwungen war, mir seine Konversationsversuche mit den anderen Menschen anzuhören. Ich bewahrte dennoch die Ruhe und wendete mich lieber den Leuten zu, die sonst noch anwesend waren. Rucki, zucki verwandelten wir uns in eine kleine Lästergemeinschaft und zogen den armen Knaben so richtig durch den Kakao. Er trug eine irre auffällige Jacke: weiß mit schwarzen Kuhflecken und zur Krönung noch Marienkäfer drauf, was ihm den Namen KUHKÄFER von mir einbrachte. Tja, die Bezeichnung hatte er jetzt weg und wir lachten uns scheckig. Watt war'n mir doch bös!

Kuhkäfer war echt kein Adonis: klein, etwas rundlich und wenig Haare, den Rest ließ ich völlig unbeachtet. Er war der Mann, den wir immer mitleidig belächelten, dessen Versuche, bei anderen Menschen Aufmerksamkeit zu erhaschen, unbeholfen und holprig wirkten. Doch eins hatte er wirklich: Durchhaltevermögen. Dafür zollte ich ihm Respekt. Eines schönen Tages bekamen wir vom Seminarleiter eine Aufgabe gestellt. Wir sollten uns in einer kleinen Gruppe zusammenfinden und gegenseitig 10 Punkte nennen, die wir an uns wundervoll und überragend fanden.

Hilfe, mir brach sofort der Schweiß aus und in meinem Kopf ratterte es auf Hochtouren. Was sollte ich jetzt bloß sagen, mir fiel überhaupt nix ein. Was war an mir denn schon toll? Urplötzlich entstanden in mir Probleme, die ich zwar erahnt hatte, deren Wucht mich jedoch so unerwartet traf, dass ich regelrecht Angst bekam. Scheiße, in diesem Moment wurde mir richtig bewusst, wie wenig ich an mir selbst liebenswert und attraktiv fand.

Wie der Teufel es so will, war Kuhkäfer in meiner Gruppe - super. Da konnten wir ja mal gespannt sein, was der zu sagen hatte und wohl alles schön an sich fand. Böse, aber wahre Gedanken. Natürlich wollte er beginnen, er brannte förmlich darauf. Nun ja, einer musste schließlich anfangen. In diesem Moment schaute ich mir diese Person zum ersten Mal ganz bewusst an und war völlig erstaunt. Noch nie in meinem Leben hatte ich einen Menschen mit einer solchen Begeisterung von sich selbst reden hören. Sein Gesicht strahlte heller als die Sonne, mir fielen seine wunderschönen blauen Augen auf und die strahlend weißen Zähne. Sein Lächeln in den Augen und das verschmitzte Grinsen waren unbeschreiblich sympathisch und was er erzählte, ließ mich meine Augen weit aufreißen und meinen Mund offen stehen.

Wie war es nur möglich, dass ein solcher Zwockel derart begeistert von sich sein konnte? Was dem alles einfiel, was der alles schön an sich fand! Ich war total baff und spürte eine warme Welle der Bewunderung in mir aufsteigen.

Plötzlich fielen mir so viele wundervolle Worte für diesen Mann ein. Es war, als würde er sich wirklich vom Frosch zum Prinzen verwandeln, und das genau vor meinen Augen. Es war der totale Oberhammer und eins meiner schönsten Erlebnisse bei diesem Seminar.

Wie schnell verurteile ich Menschen?
Wie schnell beurteile ich nur anhand des Aus
Wie schnell habe ich eine vorgefertigte Meinu

Das war eine wundersame Erkenntnis für mich und ich dachte lange über meine Beziehung zu Anderen nach.
Ich bin dankbar für dieses Erlebnis und dass mir dieser Mann geschickt wurde, um mein Bild von den verschiedenen Menschen zu überprüfen.

Heute schaue ich lieber zweimal hin.
Heute lasse ich jeden so, wie er ist.
Heute spüre ich erst einmal in mich hinein und fühle,
was sich bei mir bewegt.
Heute gebe ich allen die gleiche Chance.
Heute brauche ich keine Urteile mehr, denn wir alle haben unsere guten und etwas weniger guten Seiten, und das ist auch in Ordnung.

Heute ist das Wort Kuhkäfer für mich eine Bezeichnung für einen ganz hinreißenden, herzlichen und von mir geschätzten Menschen. Danke mein Lieber, du hast dir einen riesengroßen Platz in meinem Herzen gesichert!

In meiner Ruhe liegt mehr KRAFT

An so manchen Tagen bin ich mächtig stolz darauf, den Männern in einer Sache so richtig überlegen zu sein. Ich bezeichne mich als multitasking-fähig. Was so viel bedeutet, dass ich mich auf mehrere Dinge gleichzeitig konzentrieren kann. Die Betonung liegt dabei auf "konzentrieren", was ich leider sehr oft falsch interpretiert habe.

Ich bin sozusagen in der "glücklichen Lage", spülen und gleichzeitig telefonieren zu können. Ich plaudere mit meiner Freundin und bediene zusätzlich den Computer. Ich erledige die Hausarbeit, während ich koche. Versorge die Kinder, den Mann, den Hund, die Katze, das Pferd, erledige die Post, surfe im Internet, lese ein Buch, maniküre mir die Fingernägel und das möglichst alles parallel. Das ist doch einfach wunderbar und ich bin sehr stolz auf diese vermeintliche Fähigkeit!

Ist es denn aber wirklich so oder habe ich dabei nicht etwas Wesentliches übersehen? Worauf genau ist meine Konzentration in diesem Moment gerichtet bei drei verschiedenen Tätigkeiten? Ich habe ganz bewusst in mich hineingespürt und dabei die verschiedenen Gefühle beobachtet. Auf was richte ich meinen Fokus, meine Aufmerksamkeit und was spüre ich dabei? Entsteht vielleicht ein Gefühl der Überforderung, des Zeitmangels, des "mir wächst alles über den Kopf"? Wer bitte will wahrhaftig behaupten, sich auf drei Dinge gleichzeitig konzentrieren zu können?

Wenn ich ehrlich zu mir bin, darf ich mir eingestehen, dass mich dieses VIELBESCHÄFTIGTSEIN eher unruhig macht. Ich werde nervös und kriege die Krise, weil nix gescheit vorwärtsgeht. Ich überfordere mich komplett und falle am Abend wie ein gefällter Baum ins Bett. Mal unbeschönigt und Hand aufs Herz: Wie geht es dir, wenn du tausend und eine Sache im Kopf hast? Fühlst du dich ausgeglichen, entspannt, ruhig, konzentriert, beschwingt, vielleicht sogar enthusiastisch, erfüllt, fröhlich, selbstsicher, leicht, überglücklich oder unbeschwert?

Gibt es für dich eine Zeit am Tag, an der du dir über diese Gefühle klar wirst und sie erkennst?
Eine Zeit, in der du dich fragst: "Was habe ich heute ‚bewusst' getan?"
Eine Zeit der Ruhe und Erholung für deinen Geist, deinen Körper und deine Seele - und wenn es nur ein halbes Stündchen ist?
Wie geht es dir mit dir SELBST? Was empfindest du für dich persönlich und für wen bitte schön war das heute ein guter Tag?

Vergessen wir Frauen nicht allzu oft über unseren selbst auferlegten Pflichten, dass auch wir mehr Ruhe und Aufmerksamkeit brauchen? Dass es Zeiten am Tag gibt, an denen wir nur für uns da sein sollten? Ich höre sie schon, die Stimmen - wie stellt die Frau sich das denn vor? Ich habe so viel um die Ohren, da bleibt für mich keine Zeit! Wie soll ich sonst alles schaffen, der Tag hat eh zu wenig Stunden!?

Liebe Frau, wenn du glücklich, ausgeglichen, erfolgreich, ruhig, vergnügt, zuversichtlich, gut gelaunt, beschwingt sein und dich rundum phantastisch fühlen möchtest, gönne dir eine kurze Verschnaufpause am Tag. Komme weg von dem Denken **"Ich muss"**, geh hin zum **"Ich darf"**! Das entspannt ungemein und nimmt den Druck weg, den du dir im Grunde genommen ja ausschließlich selbst erzeugst.

Es ist auch möglich, einmal eine Tätigkeit unerledigt zu lassen. Rom wurde schließlich auch nicht an einem Tag erbaut. Verrichte eine Aufgabe nach der anderen und sei bewusst mit voller Achtsamkeit und Aufmerksamkeit bei dieser einen Aktivität. Sag auch einmal "nein", wenn es dir zu viel wird, denn auch du hast dieses Recht. Delegiere liebevoll, jedoch konsequent die Aufgaben innerhalb deiner Familie.
Das alles braucht natürlich etwas Zeit, du darfst ruhig ein bisschen geduldig mit dir sein. Veränderung geschieht immer in kleinen Schritten. Wenn die Aufmerksamkeit für das, was du tust, geweckt ist, ist die erste Hürde genommen. Genau das bewirkt Veränderung im positiven Sinne.

Ich habe einmal eine wunderbare Kurzgeschichte, Verfasser unbekannt, zum Thema ACHTSAMKEIT gelesen. Lese sie dir durch und lasse die Worte in aller Ruhe auf dich wirken.
Ein viel beschäftigter Mann wurde gefragt, wie er es schaffte, trotz seiner vielen Aufgaben stets so ruhig, gelassen und ausgeglichen zu bleiben. Er antwortete sinngemäß:
Wenn ich gehe, dann gehe ich. Wenn ich stehe, dann stehe ich. Wenn ich sitze, dann sitze ich. Das tun wir doch auch, antworteten die Leute. Daraufhin sagte der Vielbeschäftigte: **Wenn ihr sitzt, dann steht ihr schon. Wenn ihr geht, dann seid ihr schon angekommen.**

Ich wünsche dir ein gutes Gelingen, gute Gedanken und Zeit für dich selbst.

Lauf der guten Hoffnung

Gestern Abend um 20.00 Uhr begann in Augsburg der "Lauf der guten Hoffnung". Er wurde von Peter Melchin aus Sonthofen ins Leben gerufen. Menschen laufen gemeinsam für einen guten Zweck, und zwar zur Hilfe und Unterstützung der Kinderkrankheit "NOMA". Meiner Meinung nach eine großartige und wichtige Sache. Seit Wochen freute ich mich darauf und fieberte dem Tag entgegen. Gemeinsam mit ganz vielen Menschen unterwegs zu sein, gute Gespräche zu führen, neue Kontakte zu knüpfen, das ist so richtig nach meinem Geschmack und ließ mein Herz vor Freude hüpfen.

Doch jetzt regnete es bereits die ganze Woche in Strömen und ich sah meine Felle im wahrsten Sinne des Wortes davonschwimmen. Täglich stellte ich mir die Frage, was nun? Gehe ich mit oder bleibe ich zu Hause? Elvis war ganz klar dafür, zu Hause zu bleiben. Hätte ich mir denken können, von ihm konnte ich hierbei wenig positive Unterstützung erwarten. Ich bat ihn, die Klappe zu halten, denn hier ging es ja auch darum, die Komfortzone mal zu verlassen und etwas Ungewöhnliches zu tun.

Meine Gedanken kreisten ständig und unaufhörlich um dieses Thema: ja oder nein? Der Wetterbericht ließ wenig Hoffnung auf ein zumindest trockenes Wochenende aufkommen. Ich fühlte mich ziemlich unbehaglich bei dem Gedanken, nicht teilzunehmen, schließlich hatte ich bereits zugesagt. Doch wenn ich alleine an die Nacht dachte, in der ich beladen mit meinem Rucksack, Schlafsack und meiner Isomatte durch die nasse Welt waten sollte, kamen Horrorvorstellungen in mir hoch. Ich spürte buchstäblich, wie mir das Wasser aus den Schuhen lief und bei jedem Schritt "schwapp, schwapp" machte. Meine Hose war entsprechend klitschnass und ich fühlte mich wie ein begossener Pudel. Überall tropfendes Wasser von Kopf bis zu den Zehen, vielleicht sollte ich mir doch besser ein lila Gummiboot kaufen? Und wo bitte wäre mein Schlafplatz, auf der nassen Wiese etwa? Ich bemerkte förmlich das Grauen in mir hochsteigen.

Irgendwann stellte ich mir ernsthaft die Frage, wem ich damit helfe, wenn ich tropfnass durch diese Welt latsche. Keine Krankheit der Welt würde ich damit besiegen, wenn ich selbst kurz vor der Lungenentzündung stehe. Wem also bitte musste ich hiermit etwas beweisen? Doch sicher nur mir selbst. Ich kann in den Spiegel schauen und zu mir sagen: "Boah Ulla, das hast du gut gemacht! Du hast deinen Schweinehund zum Schweigen gebracht und bist ganz wacker durch dieses Unwetter gelaufen. Du hast nicht wie viele andere den Schwanz eingezogen, sondern bist tapfer mitgegangen. Respekt! Vor dir ziehe ich meinen lila Hut."

Stopp, hier möchte ich dennoch MEIN Veto einlegen! Geht es hier um "mein" Ansehen? Geht es hier wieder einmal darum, vor anderen Menschen zu glänzen? Geht es wiederkehrend darum, meine eigenen Gefühle zu verleugnen nur um gut dazu stehen, mehr Schein als Sein? Ich glaube schon, dass genau dies wie so oft auch jetzt eine große Rolle spielt und es ist daher an der Zeit, in mich hineinzuspüren, was sich für mich gut und richtig anfühlt.

Meine Entscheidung ist damit gefallen. Ich bleibe zu Hause - BASTA! Am Sonntagmorgen gehe ich dann zur After-Walk-Party in Kempten, um dort ein wenig mitzuhelfen. Meinen Beitrag zum Lauf der guten Hoffnung habe ich demnach eben auf diese Art geleistet.
Manchmal hat mein Schweinehund doch den besseren Riecher und ich darf getrost seinen Worten folgen. DANKE ELVIS, dieses Mal warst du ein guter Ratgeber für mich.

Darf ich bitten?

Mit 16 Jahren durfte ich zum ersten Mal zu einem Tanzabend in unserem Dorf gehen. Wow, war ich aufgeregt, mein Herz klopfte vor Spannung, Vorfreude und Neugier!

In diesen Jahren war es Mode, ein langes Kleid zu tragen und meine Mama hat schon immer dafür gesorgt, dass ich trug, was gerade IN war. Also brezelte ich mich so richtig schön auf: langes Kleid, tolle modische Frisur und ein wenig Schminke, damit war ich immer schon sehr sparsam, denn weniger ist mehr. An diesem Abend kam ich mir vor wie eine Prinzessin. Ich malte mir aus, wie alle Menschen sich nach mir umdrehen, wie die Männerblicke mich verfolgen und meine Freundinnen vor Neid platzen würden. Ach, war das ein herrliches Gefühl, schon im Vorfeld die Bewunderung der Menschen zu spüren. Ich kam mir so leicht vor wie eine Feder und war total verzückt von meiner eigenen Erscheinung. Kurz bevor ich abrauschen wollte, nahm mich mein Vater zur Seite, um mir noch etwas ganz Wichtiges zu sagen. An diesem Abend, schärfte er mir eindringlich ein, durfte ich keinem Mann den Tanz abschlagen. Egal wer mich aufforderte, ich musste mit ihm tanzen. Das gehört sich so, denn sonst ist der Mann beschämt und das geht auf gar keinen Fall.

O.k. Papa, wenn du meinst! In dem Moment war mir das ziemlich schnurz. Ich konnte ja nicht ahnen, welche Auswirkungen dieser Satz für mein weiteres Leben haben würde. Wie er sich in mein Gehirn brannte und ich jahrelang darunter litt. Ich schwebte durch die Saaltür und spürte die Blicke der Menschen, bewundernd natürlich, denn ich war schon eine ansehnliche Erscheinung. Herzklopfen. Wer von den Jungs

wird mich auffordern, wem darf ich meinen ersten Tanz schenken? Wer wird der Glückliche sein, der mich aufs Parkett führt? Ich war dermaßen aufgeregt, dass ich keinen klaren Gedanken fassen konnte. Alles in mir war in Aufruhr, ich war glücklich, neugierig, strahlend, übersprudelnd.
Dennoch kam mir irgendwann der verrückte Gedanke, ob das mit dem Tanzen auch klappen würde? Doch Bernd, mein erster Tänzer, war einfach nur hervorragend. Es machte eine solche Freude, mit ihm zu tanzen, dass ich alles um mich herum vergaß. Ich schwebte wie auf Wolken und wir beide waren einfach ein Tanztraumpaar.

Irgendwann in meinem Glücksrausch kam ein Mann und fragte: "DARF ICH BITTEN?"
Ich schaute ihn an und mein Herz rutschte in die Hose. Alles in mir begann, sich zu sträuben. In mir brach ein regelrechter Kampf aus: Papa hat gesagt, ich muss mit jedem Mann tanzen, darf niemandem einen Tanz abschlagen. Wie grauenhaft, ich wollte nicht! Mein Gott, wie peinlich war das denn, mit dem zu tanzen? Niemand wollte von ihm aufgefordert werden und alle ließen ihn abblitzen, nur ich stand da und war den Tränen nahe, denn mir fielen augenblicklich Papas Worte ein.

So ein Mist, jetzt hatte ich den Salat - und nun? Mir stand das Wasser in den Augen und ich war völlig verzweifelt. Die Situation war absolut aussichtslos, denn Papas Blicke waren auf mich gerichtet. Selbstquälerisch tanzte ich mit dem Mann, denn im Grunde meines Herzens tat er mir ja auch wieder leid. Er hatte an diesem Abend so viele Körbe bekommen, dass er damit einen Großhandel hätte eröffnen können, also opferte ich mich eben. Nach dem ersten Tanz wollte ich mit einer schalen Ausrede flüchten - dass mir schlecht war oder so ähn-

lich. Doch der Kerl ließ nicht locker. "Nix da, es gibt drei Tänze und die tanzen wir."
Dieses Erlebnis traumatisierte mich völlig und verfolgte mich zudem unendlich viele Jahre. Ich tanzte auch nach diesem Abend weiter mit jedem Mann, war nie in der Lage, NEIN zu sagen und ließ mir von vielen auf den Zehen und der Seele rumtrampeln. Mir taten die Männer einfach leid, ich spielte daher bereitwillig für sie das Opferlamm.

Unendlich viel Zeit verbrachte ich damit, Dinge zu tun, die mir völlig widerstrebten. Ich stellte mir daher oft die Frage: "Wie viel bin ich mir selbst wert? Warum denke ich, dass ich mich opfern muss? Wem tue ich damit einen Gefallen? Klar, den anderen Menschen und was ist mit mir?" Ich bewunderte immer die Frauen, die den Männern einen Korb geben konnten. Doch merkwürdigerweise war mir selbst das noch peinlich und ich grübelte dann, warum sie das wohl machten - das geht doch nicht! Frau muss mit jedem Mann tanzen, hat mein Papa gesagt. Das ist peinlich für den Mann, wenn Frau ihm ein NEIN gibt. Wer bitte hat mal die Frauen gefragt, wie es ihnen geht, wenn irgendwelche Männer auf ihren Füßen und ihren Gefühlen herumtrampeln? Wenn ich ganz ehrlich bin, habe ich selbst heute noch ein Problem damit, einem Mann den Tanz abzuschlagen. Ich tue es zwar, doch so ein klitzekleines bisschen habe ich immer Schuldgefühle.

Wie geht es dir damit, kennst du das?

Engelchen und Teufelchen

Seit nunmehr 16 Jahren wohne ich hier im Allgäu in meiner reizenden Wohnung am Fuße des Grünten. Sie ist schön geschnitten, hat helle Räume und ist auf jeden Fall bezahlbar. Im Herbst 2009 renovierte ich sie komplett und fühle mich seither so richtig pudelwohl.
In den letzten Jahren wird meine Geduld und meine Toleranz in diesem Haus allerdings oft auf die Probe gestellt und langsam sehe ich ROT und werde richtig stinkig.
Seit Kurzem arbeite ich in einem Kurheim, diese Tätigkeit ist definitiv überaus anstrengend, erschwerend kommt noch die einstündige Anfahrt hinzu. Außerdem findet demnächst mein erster offizieller Vortrag statt und ich bin gerade dabei, überall Akquise zu machen und düse demzufolge durch die Gegend, um meine Plakate aufzuhängen. Gestern Abend kam ich völlig fertig nach Hause und sehnte mich so sehr nach Ruhe, meiner Couch und meinen Soaps im TV. Einfach nur: gemütlich machen, abschalten, durchatmen, genießen, träumen, wohl fühlen, denn die letzten Tage waren doch recht kräftezehrend.

Weit gefehlt, denn in der Nachbarwohnung fand gerade der ungefähr 40. Umzug statt. Es wurde gebohrt, gehämmert, geklopft. Das Baby schrie wie am Spieß und die Haustür fiel in regelmäßigen zweiminütigen Abständen mit einem lauten Knall ins Schloss. Ich spürte, wie sich in mir langsam, aber heftig eine grenzenlose Wut aufstaute. Mein Herz fing an zu rasen und ich wollte am liebsten laut schreien. Mein inneres Teufelchen stachelte mich an und forderte mich auf: "Los, geh rüber und mach die so richtig zur Schnecke. Das ist eine Unverschämtheit und geht überhaupt nicht. Du willst jetzt deine Ruhe, und zwar plötzlich!"

Postwendend begann sich mein schlechtes Gewissen zu regen und meine andere liebevolle innere Stimme sprach laut und energisch mit mir. "Die Leute wollen ja auch fertig werden, die machen das doch nicht mit Absicht. Sei bitte ein bisschen tolerant, reg dich nicht so auf, alles ist gut!" Meine Gefühle fuhren Achterbahn und ich verspürte Wut, Verständnislosigkeit, Ohnmacht und Intoleranz. Auf der anderen Seite beschwichtigte ich mich wieder und versuchte, Toleranz und Verständnis zu zeigen. Dieser Zwiespalt der Gefühle brachte mich schier um den Verstand, ich war der Verzweiflung nahe.

Am schlimmsten war für mich jedoch die Tatsache, dass ich wieder mit mir selbst ins Gericht ging und mich wegen meiner momentanen Gefühlslage so richtig runterputzte. Ich gab mir die Schuld für all die grauenhaften Gefühle in mir, ich war total frustriert und schämte mich vor mir SELBST.
Dieses Duell von Engelchen und Teufelchen meiner Seele schien mir unerträglich. Ich verspürte, dass der Lärm in mir drinnen viel schlimmer war als der Radau draußen in der Nachbarwohnung. Die Anschuldigungen und das vermeintlich BÖSE oder GUTE in mir belasteten mich gewaltig. Der Kampf um Recht oder Unrecht hatte begonnen. Folglich brauchte ich Unterstützung von anderer Seite, und die suchte ich mir im Internet. Da gab es bestimmt freundliche Menschen, die mich unterstützen konnten. Ich chattete mit zwei Bekannten. Die eine sagte, ich solle in die Ruhe gehen, tief durchatmen und ganz gelassen bleiben. Wollte ich das? NEIN! Ich wollte mich lieber aufregen!

Die andere gab mir den Rat, rüberzugehen und die Leute zur Schnecke zu machen. Wollte ich das? NEIN! Dafür schämte ich mich dann doch! O.k., was tun, sprach Zeus. Ich schnappte mir kurzerhand ein Glas Rotwein, um die Stimmen in mir zu ertränken, lach. Beruhigte mein Innerstes mit Schokolade und einer riesigen Schüssel Smacks und lenkte meine Gedanken auf die schönen Dinge in meinem Leben. Allmählich kam ich runter von meinem Trip und wurde etwas ruhiger. Die Nachbarn hörten endlich nach und nach auch auf mit ihrem Lärm und ich konnte mich langsam, aber sicher entspannen.

Wie oft kommst du in eine solche Situation, in der du im Zweikampf mit deinen inneren Stimmen bist? Wie oft haderst du mit dir selbst, weil du verwirrt bist von deinem eigenen Gefühlschaos und nicht mehr weißt, was richtig und falsch ist? Sich selbst schlecht zu machen und runterzuziehen, bringt herzlich wenig. Ich glaube, das sind unsere alten Muster, unsere inneren Blockaden und unsere alten Denkweisen, die da mal wieder das Licht der Welt erblicken wollen. Nimm sie liebevoll in den Arm und trete ihnen, wenn es sein muss, ebenso liebevoll in den Hintern.
Alles darf sein, alles gehört zu uns, alles möchte akzeptiert und angenommen werden. Also, schäme dich nicht deiner zwiespältigen Gefühle und bleibe in der Ruhe. Vor allem achte auf dich selbst. Andere Menschen können in solchen Situationen wenig sagen, denn sie sind gefühlsmäßig unbeteiligt.
Gelegentlich habe ich auch schon darüber nachgedacht, ob das eventuell Zeichen sein könnten, die Wohnung zu wechseln. Vielleicht ist da aber auch nur der Wunsch der Vater des Gedanken.

Interessante Erkenntnis

Wie ihr ja alle schon wisst, ist bei mir gerade so allerhand los in meiner Gefühlswelt. Täglich kommen neue, jungfräuliche Erkenntnisse und erstmalige Erfahrungen hinzu. Ich bin bereit, alles mit meinem Herzen wahrzunehmen - zu spüren, was mir gut tut und was sich einfach prachtvoll und großartig anfühlt. Bei allem, was in mir Unbehagen auslöst, gewähre ich mir die Möglichkeit, die Geschehnisse ins Positive umzuwandeln.

Zurzeit erlebe ich einige wirklich unangenehme Situationen. Zum Beispiel kündigt mir eine gute Bekannte die Freundschaft. Oder: Ich bekomme Jobangebote, die mich überhaupt nicht interessieren oder ganz schlecht bezahlt werden. Ich will nach Sardinien fliegen und der Aufenthalt dort gestaltet sich im Vorfeld plötzlich ganz anders, als ich es für mich geplant und gewünscht hatte, usw. Tja, da darf ich doch mal hinschauen und spüren, was diese Situationen für mich denn alles so in ihrer Wundertüte bereithalten und welche Gefühle sich versuchen einzuschleichen. Gefühle der Verlassenheit, des Unverstandenseins, der Wut, der Angst, der Demut, des Ärgers, der Erniedrigung, der Scham ...

Wunderbar ist, dass sich mir hier wieder einmal die Gelegenheit bietet, meine Ehrlichkeit zu mir SELBST zu überprüfen. Warum kommen diese negativen Gefühle hoch, was fehlt mir oder besser gesagt, was bilde ich mir ein, würde mir fehlen? Schiebe ich alles wie gehabt auf die anderen Menschen und versinke im Selbstmitleid und der Hoffnungslosigkeit oder höre ich in mich hinein und stelle mir die Frage, was mir gerade diese Situation sagen will?

Vielleicht ist der Grund ja auch, die Unklarheit meiner persönlichen Bedürfnisse in verschiedenen Situationen zum Ausdruck zu bringen. Einfach loszubrabbeln, ohne mir vorher gut überlegt zu haben, was ich wirklich und aus tiefstem Herzen genau möchte. Wie oft fühle ich mich verantwortlich für Angelegenheiten anderer Menschen? Wie oft mische ich mich ungefragt ein? Wieso glaube ich immer, alles besser zu wissen? Es ist immer einfacher, sich den Sorgen und Nöten der Mitmenschen zu widmen, das lenkt so wunderbar von den eigenen Tiefen und Abgründen ab.

Irgendwie genial, ich darf jetzt meine Augen und mein Herz für mich selbst öffnen, darf Gefühle verabschieden, die ich schon 100 Jahre mit mir herumschleppe, darf meinen Kopf vor mir neigen und sagen: Alles ist gut und richtig! Ich darf erkennen, was zu mir gehört, was die Anteile der beteiligten Menschen sind und darf eigenverantwortlich entscheiden, was ich annehme und was ich wiederum verabschiede.

Ich darf so frei sein wie ein Adler, mein Leben selbst bestimmen, hinfliegen, wo es mir gefällt und mir ein Nest bauen, in dem ich mich so richtig wohl fühle.

So ein tolles Gefühl wünsche ich dir auch!

Ich geh in Flammen auf

Früher schmunzelte ich immer und verdrehte die Augen, wenn mir meine Mutter von ihren plötzlichen Hitzewellen erzählte. Ja super, schon wieder! Dann sollte sie sich halt was ausziehen anstatt einen solchen Aufstand zu machen. Wie konnten Frauen nur ständig darüber reden, nur weil es ihnen ein bisschen warm wurde? Warum stellten sie sich so an und warum um Himmels willen war das bei allen Frauen dieses Alters ein derart wichtiges Thema? Ich war oft völlig verständnislos und es ging mir teilweise sogar ziemlich auf die Nerven, wenn schon wieder diese Hitzeattacken zur Sprache kamen. Was bitte war daran so interessant, dass Frau das aller Welt erzählen musste und dann auch noch bedauert werden wollte? Was war so schlimm an dem bisschen Wärme?

Jahre später war ich beruflich gemeinsam mit unseren Jugendlichen beim Shoppen in einem großen Kaufhaus. Ganz plötzlich aus heiterem Himmel stand ich in Flammen, mir brach der pure Schweiß aus, was mich völlig irritierte. Die Tropfen liefen mir aus den Haaren in die Augen, am Rücken floss ein kleines Bächlein hinunter bis in meine Pobacken.

Hilfe, was war das? Hilfe, was für ein fürchterliches, beängstigendes Gefühl! Ich brannte - und zwar von innen heraus. Es war heiß - sehr heiß. In völliger Panik riss ich mir die Jacke vom Leib, öffnete die Knöpfe meiner Bluse und schnappte förmlich nach Luft. Wo bitte war das nächste Kühlhaus? Wo bitte der Fluss mit dem eiskalten Wasser? Wo bitte der schnellste Ventilator?

Hitzewellen, Hitzewellen, Hitzewellen. Sie kamen und gingen und ich floss nur so dahin. Mein Kopf glühte wie eine Fackel, sodass ich ihn am liebsten unter einen Strom kaltes Wasser gehalten hätte, um ihn zu löschen. Innerhalb kürzester Zeit war ich klatschnass. Es half auch nichts, dass ich mir alles vom Leib reißen wollte, denn diese Hitze war anders.

Sie war heimtückisch, unberechenbar, gewaltig, urplötzlich tauchte sie auf und hinterließ Spuren der Verzweiflung. In mir loderte ein Feuer und ich spürte eine gewaltige Wärme in mir aufsteigen. Mein Herz raste und stolperte, es schwindelte mich ohne Ende. Ich war komplett überrumpelt und hilflos, meine Gefühle fuhren Achterbahn und wechselten von Peinlichkeit zu Verständnislosigkeit, von Angst und Panik zu Ärger und Beschämung.

So war das also, so fühlte sich diese berühmte Hitze an, die Frauen ab einem gewissen Alter überfiel wie eine Plage. So fühlte es sich an, wenn Frau in Flammen aufgeht, um anschließend klatschnass dazustehen. So fühlte es sich an, wenn du dich von einer Sekunde auf die andere in ein glühendes, nasses und von Panik erfasstes Wesen verwandelst. Schrecklich, scheußlich und überaus unangenehm. Zu allem Überfluss glaubst du, alle Welt starrt dich an, denn dein Kopf leuchtet wie eine Fackel. Total peinlich!

Liebe Mama, ich hoffe, ich kann dir noch Abbitte leisten, denn jetzt kann ich erst ermessen, was diese Hitzewellen mit uns Frauen anstellen können. Was für mich wieder einmal die

Erkenntnis mit sich bringt, nur über das zu urteilen, was ich auch wirklich selbst kenne oder erlebt habe. Wie oft urteilen wir Menschen, ohne zu wissen, wovon der andere redet. Ohne dieses Gefühl gespürt zu haben, ohne die geringste Ahnung davon zu haben, was der Mensch gegenüber in diesem Moment empfindet. Wie oft ging ein mitleidiges Lächeln über meine Lippen ohne wirkliches, echtes Verständnis.

Heute weiß ich, wovon Frauen ab einem bestimmten Alter sprechen, dass sie sich gerne untereinander über ihre "heißen Erlebnisse" austauschen und nach Möglichkeiten suchen, diese Situation erträglicher zu machen. Ich tue dies inzwischen auch und schätze mich glücklich, Frauen zu finden, mit denen ich darüber plappern kann. Heute gehen wir gemeinsam in Flammen auf und freuen uns auf kühle Tage ... lach, grins!

Tränen fallen vom Himmel

Momentan habe ich das Gefühl, dass selbst der Himmel sich meiner Stimmung anpasst, denn es regnet ohne Unterlass. Mein Herz und meine Seele werden gerade so was von gereinigt, ich könnte mit meinen Tränen glatt den Bodensee zum Überlaufen bringen.
Früher wäre ich verzweifelt gewesen und hätte mir die Schuld für alles Mögliche gegeben. Heute nehme ich es als Geschenk an, denn alles, was sich in meiner Seele schon lange festgekrallt hat, will jetzt einfach raus und befreit werden. Es tut so gut, den Tränen freien Lauf zu lassen, ohne ein schlechtes Gewissen dabei zu haben. Ich darf mich ganz in mich zurückziehen, in den Arm nehmen und gut zu mir SELBST sein.

Der Auslöser könnte der 3-stündige 5-Rhythmen-Tanz gestern Abend gewesen sein, denn dieser Tanz war für mich eine höchst intensive, erstmalige Erfahrung. In den ersten 45 Minuten fühlte ich mich an meinem Platz wie festgewurzelt, ich konnte mich kaum von der Stelle bewegen. Mit meinem Oberkörper wackelte ich, doch ab der Hüfte war ich sozusagen festbetoniert - sehr interessant.
Ich bestaunte mit großen Augen die Menschen im Raum und beneidete sie darum, sich so frei zu fühlen (wer sich so bewegt, der muss sich frei fühlen - denke ich zumindest).

Einfach irre, was für Bewegungen einige Leute drauf hatten und auch keine Scheu zeigten, sich so in der Öffentlichkeit zu präsentieren. Ist das FREIHEIT? Ich käme mir schon reichlich blöd vor, wenn ich auf diese Weise alleine in meinem Wohnzimmer tanzen würde. Wahrscheinlich hätte ich sogar noch die Bilder an der Wand zugehängt.

Zu Beginn fühlte ich mich völlig fehl am Platz und schaute mit großen, staunenden Augen und voller Bewunderung auf die Menschen, die sich dort verbogen. Ich fand diese Art von Freiheitsausdruck faszinierend und spürte, wie sich so ein bisschen Neid in mein Herzchen schlich. Tapfer tanzte ich weiter, schloss die Augen und ließ mich von der Musik tragen. Es fühlte sich gut an - ganz nach dem Motto: Wenn ich die Augen schließe, sieht mich ja keiner.

Danke Oma, dass du mir das früher immer so erzählt hast, ich nahm in dieser Situation den Tipp von ihr gerne an und glaubte ganz fest daran. In dem Moment, da ich die Augen schloss, spürte ich mich selbst viel intensiver. Ich konnte mehr wahrnehmen, beispielsweise: Wo sind Verspannungen? Wie geht mein Atem? Was fühle und denke ich? Das war gut, denn schließlich war ich hierhergekommen, um mich zu spüren und zu schauen, wo es bei mir noch klemmt. Mit der Zeit wurde ich etwas lockerer, meine Arme bewegten sich mit und ich konnte sogar schon mit ein paar Schritten meinen Platz verlassen. Das war ein Anfang, super! Ich freute mich total darüber. Langsam, ganz langsam begann ich, mich ein wenig unbefangener zu fühlen. Ich schob jegliche Gedanken beiseite und erlebte nur noch, ließ die Bewegungen fließen - ganz locker, leicht und frei.

Partnertanz. Oh Gott, auch das noch! Wir sollten unsere Füße zueinander tanzen lassen.
Flucht, wo war das nächste Mauseloch, in das ich schlüpfen konnte? Schweißnasse Menschen, igitt, das ging gar nicht und füßeln mit irgendeinem Fremden wollte ich schon dreimal nicht. Gelassen tat ich so, als würde ich nichts mitbekommen, schloss die Augen und hoffte, von den anderen übersehen zu

werden. Irgendwann tänzelte ein junger Mann an mir vorbei und begann, mich zu umkreisen. Na gut, ich konnte es ja mal probieren. Siehe da, es war gar nicht so schlimm. Er tanzte ein wenig um mich herum und schwups, weg war er wieder. Dann kamen die Nächsten und ich spürte, wie sich der Knoten in meinem Kopf langsam zu lösen begann. Ist doch schon irre, was so ein Hirn mit einem Menschen alles anstellen kann.

Ich sagte ihm, dass es jetzt gefälligst zu schweigen hatte, ich wollte nicht mehr denken, nur noch empfinden! Es gab in diesem Raum keinen Menschen, der mich beurteilte oder über meine Verrenkungen schmunzelte. Hier durfte ich mich austoben und so sein, wie ich eben sein wollte. Das fühlte sich wirklich gut und sicher an. Meine Bewegungen wurden weicher und ich immer lockerer - körperlich wie geistig. Das war ein unbeschreiblich schönes, befreiendes Gefühl. An diesem Abend wurde mir wieder so einiges klarer und verständlicher. Ich hatte mir erlaubt, einen Teil meiner selbstgebauten Rüstung fallen zu lassen und mich dadurch ein Stück weit für mein eigenes SEIN zu öffnen.

Danke für diese wundervolle, bereichernde Erfahrung. Tanzen befreit und lässt mich meinem Traum der eigenen Freiheit ein ganzes Stück näherkommen.

Keine Chance für ELVIS

Ist ja wieder typisch für den Kerl. Liegt schon am frühen Morgen auf der Lauer, um mich so richtig aus dem Konzept zu bringen. Doch heute beißt er auf Granit, das habe ich mir fest vorgenommen.

Wach werden, Augen auf, Blick aus dem Fenster und was sehe ich? REGEN, sintflutartiger Regen! Das ist was ganz NEUES, denn dieser ganze Sommer scheint nur aus Regen zu bestehen.

Elvis liegt friedlich mit mir unter der Decke und will noch ein bisschen kuscheln. Alles klar, bei dem Sauwetter ist das total in Ordnung. Ich bin eine absolute Frühaufsteherin. Wenn ich wach bin, hält mich nichts mehr, dann werde ich kribbelig und nervös. Ich muss raus aus den Federn und schauen, was abgeht. Elvis knurrt: "Bleib doch noch liegen." Nichts da, Decke weg und aufgestanden, Kaffeemaschine anschmeißen und ab ins Bad. Katzenwäsche, liegt ja eh nichts Besonderes an, da reicht das allemal. Danach lecker Frühstücken und dann geht's los mit: PUTZEN.

Elvis leckt sich derweil die Pfoten und flüstert mir leise zu: "Zuerst könntest du doch schnell schauen, was im Internet so los ist. Nur ganz kurz, du kannst ja danach putzen." O.k., dazu braucht er mich nicht lange überreden. Computer an und sehen, ob ich heute schon wichtig bin. Hab's mir schließlich gestern Abend erst verkniffen und nur ganz brav meine Serie geschaut. Schwups, schon hat mich die "Sucht" wieder in ihren Fängen, ist doch echt interessant, was so alles geht an diesem heutigen Tag. In meinem Hinterkopf wird eine Stimme hörbar: "Hallo, putzen ist angesagt!" Ruhe, nur noch ein, zwei

Minuten. Ich surfe ein bisschen weiter, da ertönt wieder diese Stimme: "Jetzt aber dalli, dalli! Du kannst danach weitermachen." Elvis meint, nächste Woche wäre auch noch genug Zeit und ich könnte ruhig sitzen bleiben. Die Stimme im Hintergrund wird lauter, deutlicher, fordernder und wirkt schon etwas säuerlich. Da sitze ich nun wie schon so oft zwischen Elvis und der Vernunft, bin hin- und hergerissen und kann mich wirklich schwer entscheiden.

Ich schließe die Augen und spüre in mich hinein. Wie werde ich mich am Abend fühlen, wenn Elvis jetzt wieder der Sieger ist? In mir entsteht ein ungutes Gefühl, irgendwie schäme ich mich vor mir selbst. Ist es nicht jämmerlich, sich immer dem eigenen Schweinehund zu beugen und ihm so viel Macht zu verleihen? Anschließend bin ich nur wieder frustriert und ärgere mich über meine Unentschlossenheit. Klappe Elvis, runter von der Coach, Balkontür auf, Putzeimer und Schrubber in die Hand und los geht es.

Ruck, zuck bin ich fertig, es ist vollbracht. Ich fühle mich richtig behaglich, bin stolz und selbstzufrieden. Mit Anlauf schmeiße ich mich auf das Sofa und fange an zu schreiben. Tja Elvis, heute hattest du keine Chance ... das fühlt sich ganz fantastisch an.

Wirbelsturm in meinem Kopf - Teil 1

Da sind sie wieder - die Gedanken, die wie ein Wirbelsturm durch meinen Kopf jagen. Ich dachte, ich hätte sie hinter mir gelassen, überwunden, ausgemerzt, doch sie sind erneut hier. Sie haben sich durch die Hintertür eingeschlichen und versuchen, mich zu boykottieren und zu sabotieren.
Stopp! Ich knalle ihnen die Tür vor der Nase zu, schicke sie fort und konzentriere mich darauf, mir ganz viel positive Energie zu spenden.

Gestern Abend fand mein erster offizieller Vortrag statt. Ich war guter Dinge und hatte mich so richtig positiv eingestimmt. Den ganzen Tag verbrachte ich in Hochstimmung, es fühlte sich spannend, aufregend und zuversichtlich an. Meine Gefühlswelt kam voll und ganz auf ihre Kosten. Es war unübertrefflich berauschend, diese ganze Palette der Emotionen wieder zu spüren. Vorfreude, Aufregung, Spannung und Begeisterung, jedoch auch Ängstlichkeit, Beunruhigung, Beklommenheit und ein klitzekleines bisschen Panik. Gefühlschaos vom Feinsten, das beutelte mich ganz schön und ab und an bemerkte ich so etwas wie Ohrenrauschen und Muffensausen. Lieber Himmel, was kann ich viel fühlen, und das alles an einem Tag und schön abwechselnd. Ist ja fast wie verliebt zu sein!

Vor dem Vortrag selbst hatte ich kaum Bedenken. Im Gegenteil, ich brannte darauf anzufangen, meine Erlebnisse zu erzählen, die Frauen zu begeistern und zu motivieren. Die einzige Sorge bestand darin, wer mag wohl kommen? Wer lässt sich darauf ein, welche Frau hat den Mut, diesen Vortrag zu besuchen, welche Frau ist neugierig auf das, was ich zu erzählen habe? Im Vorfeld hatten sich einige Damen angemeldet, leider sagten alle kurzfristig ab. O.k., der erste Schock. Und wer kommt jetzt noch? Mein Herz wurde von bangen Fragen gequält und es schlich sich ein bisschen mehr Panik ein.

Wieder ein Stopp! Positiv denken, visualisieren und fühlen - alles ist gut.

Es gelang mir, mit diesen wundervollen Affirmationen zu arbeiten. Ich war in der Lage, meine Gefühle anzunehmen und auszuleben. Das verbuchte ich als einen riesengroßen Erfolg, denn meine bejahenden Gefühle standen im Vordergrund.

Eine liebenswürdige Dame half mir dabei, die Zeit des Wartens zu überbrücken. Sie erzählte mir lebhaft von ihren Pilgerreisen und inspirierte mich damit wunderbar. Die Anspannung in mir stieg. Ich wartete auf eine Bekannte, die eine zauberhafte Buchhandlung in Lindenberg führt. Ich hatte sie gebeten, ein paar Bücher zu meinen Themen auszustellen. Das ist doch eine geniale Kombination, denn so hat "Frau" auch noch die Gelegenheit, sich das eine oder andere Buch anzusehen und davon beflügeln zu lassen. Meine innere Spannung stieg mit jeder Minute. Ich hörte jedoch auf die Stimme in meinem Herzen, sie beruhigte mich!

ALLES IST GUT!

Wirbelsturm in meinem Kopf - Teil 2

Wundervoll, 10 Frauen kamen! Ich war richtig happy, denn für den Anfang war das wirklich klasse. Meine Anspannung war plötzlich verflogen, ich wurde ruhig und gelassen. Während des Vortrags schaute ich oft in die Gesichter der Damen und versuchte herauszufinden, was in ihnen vorgeht.

Ich bin immer wieder erstaunt, was ich alles denken, reden, fühlen und analysieren kann. Die Frauen schauten mich erwartungsvoll und freundlich an. Ich spürte unbeschreibliche Freude und Begeisterung in mir hochsteigen und kam so richtig in Fahrt. In dem Moment wusste ich wieder ganz genau, dass ich auf dem absolut richtigen Weg bin. Es ist meine Vision, meine Botschaft, mein Herzenswunsch, Frauen zu ihrem eigenen Herzen zu führen. Die Tür des eigenen SEINS zu finden, um hineinzublicken, hineinzuspüren, hineinzuhören. Sich der eigenen Persönlichkeit mit allen Wünschen, Träumen und Sehnsüchten zu öffnen.

Unzählige Frauen haben gänzlich das Gespür für ihr eigenes Wohlergehen verloren. Sie erkennen oft erst durch eine Krankheit oder einen persönlichen Verlust, dass ihnen etwas Entscheidendes fehlt. Die Kraft einer Frau ist unbeschreiblich groß. Leider wissen und erkennen das die allerwenigsten. Denn wenn es ihnen gut geht und sie zufrieden sind, wirkt sich das positiv auf das gesamte Umfeld aus. Davon profitieren ihre Kinder, Partner, Kollegen und alle, die mit ihr zu tun haben - am meisten jedoch sie SELBST.

Nach dem Vortrag war es wieder ganz merkwürdig, ich fühlte mich ziemlich unwohl in meiner Haut und die Gedanken schossen wie Blitze durch meinen Kopf. "Waren die positiven Kritiken der Damen ernst gemeint oder wollten sie einfach nur nett sein? Hatte ihnen der Vortrag wirklich gut gefallen oder sagten sie es nur, um mich nicht zu verletzen?" Gedanken, Fragen, Wirbelsturm in meinem Kopf! Ja, da waren sie schon wieder, die wohlbekannten Zweifel, Ängste, Sorgen. Wofür um alles in der Welt sind sie gut? Dass ich mir jetzt schon wieder das Leben schwermachte, zog mich erneut herunter und ich überlegte abermals, was ich alles hätte besser machen können. Unwohlsein, Schwermut und Zweifel begleiteten mich während der gesamten Zeit des Aufräumens. Ein Gedanke löste den anderen ab und sie wurden immer schlimmer.

STOPP, sofort Schluss damit!

Ich atmete tief durch und begann, meine Gefühle zu sortieren. Noch mal tief atmen und spüren, was gerade los war.

Schwups, waren sie wieder da und mir fielen tausend Dinge ein, die ich in meinem Redefluss vergessen hatte zu erwähnen. Waren meine Botschaften und meine Impulse angekommen? Hatte ich den Frauen überhaupt etwas mitgeben können? Empfehlen sie mich weiter oder sagen sie: "Das kannst du dir sparen, war Blödsinn!"

Oh, mein Gott, wie viele Gedanken kann ich denn auf einmal denken? Noch mal **Stopp!** Das war mein erster offizieller Vortrag, auch ich darf mir die Zeit nehmen, meine Erfahrungen zu machen. Ich bin schließlich ein "Meister der ÜBT" und es ist ganz natürlich, dass ich erst einmal ein paar Vorträge halten muss, um mein wundervolles Ziel zu erreichen.

In dem Moment wurde mir wieder so richtig klar, dass ich mich selbst ständig unter Druck setze. Dass ich meinen Perfektionismus auslebe und er mich immer wieder in seinen Krallen gefangen hält. Schluss, Ende, aus - es reicht! Ich gebe mir die Chance zu wachsen - stetig und gleichmäßig. Ich gebe mir die Chance, meine Fähigkeiten auszubauen, zu überarbeiten, zu verbessern und zu optimieren. Ich gebe mir die Chance, hineinzuwachsen in eine wundervolle Tätigkeit.

Erkennst du dich wieder? Hast auch du die Tendenz, deinem Perfektionismus auf den Leim zu gehen? Stellst auch du sehr hohe Ansprüche an deine Person? Erlaubst du dir zu wachsen und dich zu entwickeln? Spüre in dein Herz und höre, was es dir mitzuteilen hat!

Danke an alle Frauen, die mich auf diesem meinem Weg begleiten.

Hasenfurz im Supermannkostüm

Diesen Ausdruck hatte ich vorher noch nie gehört und ich musste mich beinahe wegschmeißen vor Lachen, als mir der Begriff zum ersten Mal unterkam. Erst gestern erwähnte ihn eine Bekannte von mir, die mit diesen liebevollen, "schmeichelhaften" Worten ihren Mann beschrieb. Da ich ihn selbst kenne, schossen mir sofort die lustigsten Bilder in den Kopf und mein Grinsen breitete sich von einem Ohr zum anderen aus.

Doch wer bitte ist wirklich ein Hasenfurz und wirft sich bei passender Gelegenheit in sein Supermannkostüm? Welcher Typ Mann hat den Titel "Hasenfurz" überhaupt verdient?
Darf "Frau" so etwas einfach behaupten?
Aber sicher, hier geht es doch nur um eine kleine, liebevolle Bezeichnung für einen Mann, der zu Hause lieb, brav und folgsam ist und draußen den dicken Maxe markiert.
Ich machte mir gestern den ganzen Tag Gedanken über dieses Thema und beobachtete bei meinem Besuch auf der Allgäuer Festwoche die Männer daher außergewöhnlich intensiv.

Wie es sich gehört hier im Allgäu, waren fast alle zünftig gekleidet, was ich persönlich total faszinierend finde. Männer in Lederhosen wirken einfach kernig, maskulin, willensstark und sehen umwerfend aus. Außerdem hat so ein Lederhosenhasenfurz eine ganz besondere Anziehungskraft, zumindest auf mich!

Beim ersten und zweiten Bierchen war noch alles o.k., doch mit steigendem Alkoholkonsum wurden die Jungs immer couragierter. Sie prahlten und balzten, sie flirteten auf Teufel

komm raus und ab und an entwischte ihnen, im Eifer des Gefechtes, eine klitzekleine verbale Entgleisung.
Sie fanden sich cool, bewundernswert, faszinierend, hinreißend, überwältigend und wollten dich umgarnen und dir imponieren. Sie streiften sich ihre Halbstarkenmaske über und fanden sich einfach nur unwiderstehlich.
Interessant war, dass sich dieses Gehabe in allen Altersklassen finden ließ. Nix mit Weisheit des Alters, denn die Herren im mittleren bis reifen Alter waren die SCHLIMMSTEN. Die jungen Kerle haben, in meinen Augen, ja noch ein Recht darauf, sich auszuprobieren und zu schauen, wie und was bei den Mädels am besten ankommt. Doch bei den Herren, die kurz vor dem Verfallsdatum stehen und die immer noch annehmen, sie wären Rambo, könnte es unter Umständen ein bisschen peinlich werden.

Sind das jetzt Hasenfürze im Supermannkostüm oder ist das ganz normal? Braucht "Mann" diese Inszenierung, gehört das zum "Mann-Sein" dazu?
Irgendwie wollen sie uns Frauen doch nur imponieren und sich im guten Licht präsentieren, auch wenn es manchmal etwas danebengeht. Das wiederum hat doch auch etwas sehr Sympathisches und Liebenswertes.

Auf Gottes weiter Welt tummeln sich die verschiedensten, spannendsten, großartigsten und aufregendsten Charaktere der Gattung "Mann". Ob Hasenfurz oder Supermann, ob mit Kostüm oder ohne, wir Frauen lieben sie.

Was die Herren jedoch nicht ahnen, ist, dass alleine die Frau sich aussucht, welchem Mann sie ihr Herz schenkt.
Im Grunde genommen wäre dann das ganze Supermanngehabe überflüssig. Doch wir lassen ihnen ihre Illusion, denn das ist ein Teil von ihnen und gehört unabdingbar dazu.
Mal ehrlich Mädels, wir werfen uns ja auch ab und an in unser Catwomankostüm und finden es toll, wenn "Mann" drauf reinfällt, oder?

Ich persönlich würde ja gerne mal einen Mann kennenlernen, der zu Hause ein Supermann ist und sich eher in der Außenwelt als Hasenfurz verhält. Das wäre doch ganz was Neues: Zu Hause übernimmt er alle wundervollen Aufgaben, die mir keine oder wenig Freude machen. Er überschüttet mich mit Höflichkeiten, ist liebevoll und besorgt. Er liest mir jeden Wunsch von den Augen ab und trägt mich auf Händen. Er ist treu und ich kann mich hundertprozentig auf ihn verlassen. Er strahlt Ruhe aus und ist dennoch sehr aktiv und attraktiv.

Ja, wo ist er denn? Gibt es ihn überhaupt, den Supermann im Hasenfurzkostüm?

HIGH HEELS oder Birkenstock?

Es ist so herrlich, eine FRAU zu sein. Aber nur, wenn Frau es sich auch wirklich und wahrhaftig gestattet. Frauen sind ausdrucksstark, wandelbar, ideenreich, anpassungsfähig, himmelhoch jauchzend und ab und an zu Tode betrübt. Kann ja mal vorkommen, gell?

Es gibt uns als Lieselotte, Mathilde, Agathe und Elvira, aber auch als Chantalle, Annabelle, Jeannette und Mandy und nicht zu vergessen die Uschis, Helgas, Susis und Gabys.
Frauen sind so aufregend und voller Überraschungen - wie eine Wundertüte auf dem Jahrmarkt. Du weißt nie, was drin ist, denn sie sind Meisterinnen der Verblendung.
Fragt mal die Männer, die können ein Liedchen davon singen! Wenn Frau "ja" sagt, meint sie meistens "nein". Wenn Frau "vielleicht" sagt, wird es schwierig, denn dann hofft sie, dass ihr irgendwer die Entscheidung abnimmt. Schlaues Mädchen, so eine Frau. Dass wir damit große Verwirrung in der Männerwelt hervorrufen, ist somit klar wie Kloßbrühe.

Da kauft sich so ein wundervoller Adonis eine megatolle Super-Braut ein, ist ganz verzückt und stellt die Zauberfrau jedem mit stolz geschwellter Brust vor und ist hocherfreut über seine anmutige, feenhafte Beute. Wenn sie ihn dann vor den Altar geschleppt, er ihr mit leuchtenden Augen den Ring über den Finger gestreift hat und in Gedanken schon bei der Hochzeitsnacht ist, kann er froh sein, wenn sie nicht schon am nächsten Morgen statt den bekannten High Heels ihre bequemen Birkenstocksandalen trägt.
Wir Mädels können in der Männerwelt schon für ganz schöne Unruhe sorgen. Im Prinzip wäre es so einfach, die Jungs um

den Finger zu wickeln. Warum tun wir es nicht? Warum müssen wir immer Spielchen spielen, Katz und Maus? Warum wollen wir oft etwas sein, was wir nicht sind? Und warum sind wir häufig so unzufrieden mit uns selbst?

Egal ob High-Heel-Ladys, Birkenstock-Frauen und Turnschuh-Girls - im Prinzip ticken wir alle gleich und bringen damit so manchen Mann um den Verstand. Wir wackeln mit dem Hintern, kleiden uns sexy und aufregend, mit einem Ausschnitt bis zum Bauchnabel, der mehr entblößt als verhüllt. Klimpern mit den Wimpern und ziehen einen Schmollmund.

Apropos Schmollmund: Mögen Männer wirklich Frauen, die Lippen haben wie ein knallrotes Gummiboot? Oder warum glauben Frauen, dass Männer darauf stehen? Die Frage habe ich mir schon so oft gestellt.

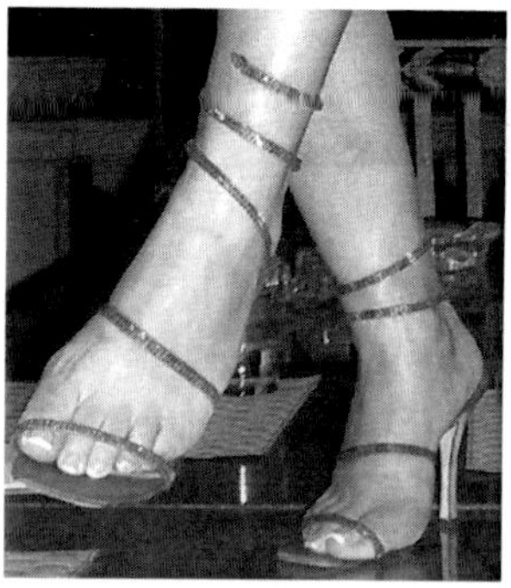

Warum ziehen Frauen High Heels an, wenn sie nicht drin gehen können? Es sieht grauenhaft aus, wenn ein aufregendes, bezauberndes Geschöpf auf Schuhen daherstakst und sich kaum auf den Beinen halten kann. Oder ist das nur eine Taktik, denn falls sie hinfällt, springt ein Mann auf sie zu und fängt sie auf. Und wenn grad keiner da ist, was dann? Tja Lady, dann hast du Pech gehabt.

Also, wenn ich Mann wäre, dann würde ich mir eine Frau mit Witz, Charme und Klasse wünschen. Eine Frau mit Temperament und grenzenlosem Humor.

Eine Frau, die so ist, wie sie eben ist und die ohne Umschweife sagt, was sie denkt und fühlt.
Eine Frau, auf die ich mich verlassen kann, die auch in schwierigen Zeiten an meiner Seite ist.
Eine Frau, der es Spaß macht, mit mir die ganze Welt zu bereisen, egal ob im 5-Sterne-Hotel oder im Zelt.
Die mich als Mann an ihren Träumen, Wünschen und Sehnsüchten teilhaben lässt. Eine Frau, mit der ich es mir auf Wolke 7 gemütlich machen kann und die immer eine rosarote Brille trägt, wenn sie mich sieht. Eine Frau, die spürt, wann die passende Zeit für High Heels und der richtige Moment für Birkenstocksandalen ist.

Fingerzeig vom Schutzengel

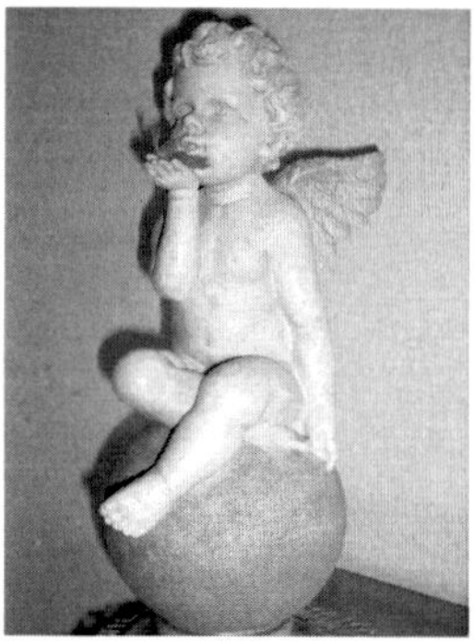

Schon seit vielen Jahren bin ich ein absoluter Engelfan, habe dazu bereits viele inspirierende Bücher verschlungen und fühle mich diesen himmlischen Wesen auf wundervolle Weise sehr verbunden. Mein größter Wunsch war und ist es immer noch, einmal so ein Engelchen sehen zu können. Sobald ich diesen Wunsch jedoch geäußert hatte, beschlich mich ein ziemlich ängstliches und furchtsames Gefühl. War ja wieder klar: große Klappe und wenn's drauf ankommt, mache ich mir in die Hose. Dann hatte ich urplötzlich ein wundersames, phantastisches Erlebnis.

Ungefähr vor zwei Jahren stand ich in meiner Münchner Wohnung unter der Dusche, der ganze Raum war in Dunst eingehüllt. Ich schob den Duschvorhang etwas zurück und bemerkte, dass der ganze Spiegel beschlagen war. Postwendend kam mir eine geniale Idee.

"Hallo, mein lieber Schutzengel, ich wollte doch schon immer einmal wissen, wie du heißt. Das hier wäre eine hervorragende Gelegenheit. Wie wäre es, wenn du deinen Namen auf den Spiegel schreibst?" Seit Wochen war ich hinter seinem Namen her, doch irgendwie wollte sich mein Schutzengel einfach nicht outen. Ich war ziemlich aufgeregt und gespannt wie ein Flitzebogen. Ob er mich dieses Mal erhören würde? Schrieb er jetzt wirklich und wahrhaftig seinen Namen auf den Spiegel? Kann es sein, dass ich einen an der Waffel habe? Ein Gedanke, der sich auch zu anderen Gelegenheiten bereits durch mein

Gehirn schlich. Ich hatte in verschiedenen Büchern gelesen, dass es Menschen gibt, die solche eindrucksvollen Erlebnisse hatten, warum ich nicht? Glaube versetzt bekanntlich Berge, demzufolge glaubte ich jetzt einfach mal!

Ab und zu schob ich den Duschvorhang zur Seite, ganz vorsichtig, wollte ihn ja nicht erschrecken und bei der Arbeit stören. Nichts passierte! Der Spiegel blieb beschlagen, keine einzige Spur von seinem Namen. In mir kroch ein bisschen Wut und Verzweiflung hoch, das war doch wohl nicht zu viel verlangt, oder? Ich blinzelte noch mal hinter meinem Vorhang hervor, immer noch nichts. Ich wurde stinksauer, riss den Vorhang zur Seite und fluchte wie ein Rohrspatz. "Hallo Engel, bist wohl Legastheniker, oder was? Kannst du nicht schreiben? Wäre wohl auch etwas zu viel verlangt, wenn das bei mir klappen würde."

O je, ich machte mich und ihn so richtig schön zur Schnecke. Das ergab im Ergebnis total fieses Karma! Während ich mich abrubbelte, sprudelten die wüstesten Worte aus meinem Mund heraus, ich konnte nichts dagegen tun, es passierte einfach. Mein schlechtes Gewissen verhielt sich mucksmäuschenstill und traute sich in keiner Weise aufzumucken. Ganz langsam kam ich aus meiner Enttäuschung heraus und fand wieder etwas zu mir. Na gut, dann eben nicht! Ich war motzig wie ein kleines Kind, das sein Spielzeug nicht bekommen hat. Trotzdem musste ich über mich und meine heftige Reaktion schmunzeln und schüttelte den Kopf. Was war ich wieder ungerecht und das schlechte Gewissen hielt erneut Einzug.

Um mich selbst zu beruhigen, setzte ich mich auf mein Bett und griff zu meinen Engelkarten, die ich jeden Tag zog. Ich mischte sie und breitete sie schwungvoll aus. Augen zu, konzentrieren, fühlen, ziehen. Ups, da waren zwei Karten, ich war schon im Begriff, eine zurück in den Stapel zu schieben, da erinnerte ich mich daran, dass es eine weitere wichtige Botschaft sein könnte.

Also nahm ich beide. Mal sehen, was sie mir zu sagen hatten. Langsam drehte ich die erste Karte um, mein Herz bekam einen Stich und ich fiel augenblicklich auf die Knie. Es war die Karte "SCHUTZENGEL". Ich fühlte mich ertappt und bereute meine hässlichen Worte zutiefst. Ich stammelte tausendmal "Entschuldigung, ich habe es nicht so gemeint". Mein Herz klopfte wie wild und augenblicklich stellten sich Gewissensbisse ein. Ich hielt die zweite Karte in der Hand und drehte sie ganz bedächtig und voller Spannung um. Urplötzlich schossen mir die Tränen in die Augen, meine Ohren rauschten und ich war fassungslos.

In den Händen hielt ich "ERZENGEL MICHAEL"!

Lieber Gott, ich kann es einfach nicht glauben. Kann das sein, ist das wirklich wahr? Tausend Gedanken wirbelten durch meinen Kopf, meine Synapsen spielten völlig verrückt. Plötzlich erinnerte ich mich, dass mir der Name Michael in den letzten Wochen ständig begegnete. Ich las ihn in jeder Zeitung, in jedem Buch hieß der Hauptdarsteller so, in allen Filmen kam der Name Michael vor. "Ist das tatsächlich und wahrhaftig real? Kann ich dem Ganzen Glauben schenken?" Tiefe Freude, Wärme, Ehrfurcht und eine große Dankbarkeit spielten sich in meiner Gefühlswelt ab, jedoch auch Skepsis und Unsicherheit. Ich war hin- und hergerissen von dem tiefen Glauben, dass das wirklich eine Botschaft meines Engels war, und dem logischen

Denken, dass es so etwas in der Realität nicht gibt.
Egal, ich entschied mich, diesem wundervollen Gefühl zu vertrauen, denn das konnte nur echt sein. Ein Gefühl, das mein Herz zum Singen brachte, das mich mit Liebe erfüllte und das so unbeschreiblich kraftvoll war, konnte nur wahr sein.
Danke, lieber Michael, für diese einzigartige Erfahrung!

Wenn du deinen Traum kennst,
kreiere dein Ziel.
Wenn du dein Ziel kennst,
gehe mutig den ersten Schritt.
Wenn du den ersten Schritt getan hast,
plane den nächsten.
Gehe zielstrebig, bedacht und in Ruhe.

Ulla Seifert

Bratkartoffel und Spiegelei

Mein Wanderfreund Wolfi ist der Mann, der mich hoch droben auf dem Berg allzeit mit leckeren Gerichten überrascht. Er scheut sich nicht, Gaskocher, Töpfe, Geschirr und viele Zutaten mit auf die Berge zu schleppen. Das ist immer wieder ein tolles Erlebnis.

Gestern brachen wir um 7.00 Uhr auf, um das Rauhorn zu besteigen. Hinterstein, Villersalpe und dann: weiter ging's ... einfach gigantisch! Traumhaftes Wanderwetter, eine märchenhafte Aussicht und gute Gespräche - wenn mir mal nicht die Puste ausging. Nach meiner Pilgerwanderung vor einiger Zeit war ich erstaunlich fit und fühlte mich einfach nur glücklich. Ich liebe es, auf einem Berg zu stehen und mir von oben die Welt zu betrachten. Es ist ein absolut berauschendes Gefühl. Ich spüre dann in mich hinein und fühle, dass ich begeistert, entzückt, überschwänglich, überwältigt, hingerissen und zufrieden bin. Wow, so eine Fülle und alles in mir, das finde ich toll. In diesen begeisterten Momenten komme ich mir wieder vor wie ein Kind und strahle, was das Zeug hält.

Ich blieb bei unserem Aufstieg sehr oft stehen, um diese beeindruckende Landschaft auf mich wirken zu lassen. Auf den Wiesen blühten die schönsten Blumen in allen Farben, es sah aus wie ein bunter Teppich. Wir trafen auf Murmeltiere, Gämsen, Molche, Schafe und natürlich die wundervollen Allgäu-Kühe, deren bimmelnden Glocken uns den ganzen Tag begleiteten.

Ein Traum-Tag also. Wir kraxelten durch das Gebirge und ich war so richtig fit. Das Klettern bereitete mir viel Spaß und ich fühlte eine grenzenlose Freiheit in mir. Plötzlich, aus heiterem Himmel, sackte ich in die Knie und spürte, dass urplötzlich nix mehr ging. Ich hatte das Gefühl, der ganze Berg kracht mit mir zusammen. Scheiße, da war es wieder, das schreckliche Gefühl, den Boden unter den Füßen zu verlieren. Minutenlang stand ich völlig erstarrt da, konnte mich nicht mehr bewegen und musste mich erst einmal sammeln.

Es war wirklich nur noch ein ganz kurzes Stück zum Gipfel, doch ich spürte ganz deutlich, dass ich hier umdrehen musste. Was nützt es mir, nachher in der Wand zu hängen und die Bergwacht rufen zu müssen. An dieser Stelle war wohl umgehend eine Entscheidung fällig. Die fiel mir wirklich superschwer und wurde mir auch so ein kleines bisschen von Wolfi abgenommen. Er hatte nämlich keine Lust, mich aus dem Berg zu befreien, denn das wäre ein hartes Stück Arbeit gewesen. Schweren Herzens entschloss ich mich daher, die Tour abzubrechen und zurückzugehen. Mein lieber Herr Gesangsverein, in mir ging vielleicht die Post ab! Hatte ich jetzt versagt oder eher eine weise und gute Entscheidung getroffen? Ich fühlte intensiv in mich hinein. Alles war gut, meine Entscheidung absolut richtig. Wolfi entschädigte mich dafür mit einem leckeren Mahl: Kartoffeln, Spiegeleier und Speck in 2000 Metern Höhe. Das war doch auch genial!
Auch wenn ich den Gipfel an diesem Tag nicht erreichte, war diese Tour enorm wichtig für mich, denn ich traf eine bedeutsame Entscheidung für mein eigenes Wohlergehen - und nur das zählt.

Ausflug in die Vergangenheit

Mein Geschäft war ja noch ganz jung und unbekannt, daher tröpfelte es mit dem Geld zur Zeit ein bisschen dahin. Aus diesem Grund beschloss ich, für kurze Zeit in meinen alten Job zurückzukehren. Ich überlegte lange hin und her, da diese Arbeit für mich nicht mehr in Frage kommt. Doch ehe ich am Hungertuch nagte, biss ich lieber in diesen sauren Apfel.

Gesagt, getan! Kurzerhand rief ich in der Klinik an und bekam augenblicklich eine Teilzeit-Anstellung zugesagt. Ich war sehr dankbar dafür, denn mit diesem Verdienst konnte ich wieder für einige Zeit über die Runden kommen. Voller Neugier und Aufregung fuhr ich am ersten Tag zur Arbeit. Ich war schon ein wenig aufgeregt und freute mich auf das, was mich erwartete. Ich war sehr gespannt auf die Kollegen und die Tätigkeit in dieser Einrichtung. Doch am meisten freute ich mich auf die Jugendlichen, die ich betreuen sollte. Mein größter Wunsch und meine stärkste Hoffnung war es, dass die Teenager dort vernünftige, umgängliche, junge Menschen sind.

Allerdings kamen in mir schon nach ganz kurzer Zeit die vertrauten unangenehmen Gefühle hoch: Unbehaglichkeit, Betroffenheit, Verunsicherung und Sprachlosigkeit. Mir fehlte teilweise völlig das Verständnis für das Verhalten dieser jungen Leute. Andererseits war ich zutiefst erschüttert, was sie schon alles erlebt hatten - mein Teufelskreis begann. Verständnis, Mitleid, Zuneigung, Hoffnung, Wut, Niedergeschlagenheit, Ratlosigkeit, Enttäuschung, alles stets im Wechsel. Ich saß erneut in der Achterbahn meiner Gefühle. Die Wucht, mit der mich diese vielen unterschiedlichen Emotionen überrannten, erschütterte mich ziemlich, denn genau aus diesem Grund war ich vor ca. 1,5 Jahren ausgestiegen aus dem Beruf.

Ich sehnte mich seinerzeit nach Ruhe, Gelassenheit, Ausgeglichenheit, Freude an der Arbeit und Leichtigkeit. All dies holte mich hier in kürzester Zeit wieder ein und ich begann, sehr genau darüber nachzudenken. Mir wurde augenblicklich klar, dass ich so nicht mehr arbeiten konnte und wollte und sehnte das Ende bereits herbei, bevor alles überhaupt richtig angefangen hatte.

Wo war der Schwur, den ich mir selbst gegeben hatte? Nie mehr eine Stelle anzunehmen, in der ich mich unbehaglich fühle. In mir schlich sich das dumpfe Gefühl ein, mich selbst aufs Kreuz gelegt und verraten zu haben. Mein Geldmangelgedanke war wieder in den Vordergrund getreten, hatte mich richtig panisch werden lassen und aus meinem Glauben und Vertrauen in meine Geschäftsidee herauskatapultiert.

Ich war rückfällig geworden. Das komplette Chaos setzte erneut ein und die Fahrt mit der Achterbahn wurde immer rasanter. Selbstvorwürfe, Selbstzweifel und Ängste begannen, sich in meinem Körper und in meinem Hirn auszubreiten. All die Krankheitssymptome, die seit fast einem Jahr verschwunden waren, tauchten plötzlich wieder auf. Schwindelanfälle, Atemnot und so klitzekleine Panikattacken. Mein Blutdruck schoss in die Höhe und ich fühlte mich manchmal wie ausgekotzt. Wenn ich nach meinem Dienst nach Hause kam, war ich total müde, ausgelaugt und wollte nur noch schlafen.

Viele Dinge, die mir wichtig waren, rückten völlig in den Hintergrund. Alles, was ich mir von meinem neuen Leben erträumt hatte, musste zurückstecken. Mir fehlten die Kraft, der Wille und die Zeit dazu. Ich konnte keine Artikel mehr schreiben, in meinem Kopf herrschte eine völlige Leere - mir fiel einfach nichts mehr ein. Was passierte gerade wieder mit mir? Ich setzte mich postwendend massiv unter Druck und meine Leichtigkeit, meine Lebensfreude, meine Hoffnungen, meine Kreativität schwanden im gleichen Atemzug immer mehr dahin.

STOPP, meine Liebe! Immer mit der Ruhe!

Es dauerte ein paar Tage, bis ich das Karussell in meinem Kopf zum Stehen brachte. Ich durfte mir eingestehen, dass genau diese Situation, in der ich mich befand, richtig und wichtig war für meine Entwicklung. Ich gestattete mir, alles noch einmal zu erleben. Durfte im Karussell der Gefühle sitzen und beobachten, was mit mir geschah. Ich konnte genau erkennen, dass mein Weg in eine andere Richtung ging. Diese Erfahrungen sind für mich mehr als wichtig, denn hier liegt der Schlüssel zu meinem neuen Glück, zu meiner neuen Aufgabe.

Danke, dass ich all dieses noch einmal erleben durfte, mir all diese Gefühle wieder begegnet sind, ich noch einmal so richtig ins Spüren gekommen bin. Danke, dass ich der Stimme meines Herzens folgen darf. Jetzt bin ich noch motivierter, meinen neuen Weg zu gehen. Noch beglückter, diese Entscheidung getroffen zu haben.

Meine Zukunft liegt in einem anderen, neuen, aufregenden Bereich und ich gehe diesen Weg voller Motivation, Inspiration und Freude. Manchmal sind solche Ausflüge in die Vergangenheit sehr wichtig, damit wir im Hier und Jetzt richtig agieren können. Erst dann werden die Weichen für eine wundervolle, aufregende Zukunft gestellt.

Elvis will nicht tanzen gehen

Ein paar Freundinnen und ich wollen mal wieder so richtig das Tanzbein schwingen und unsere Chancen auf dem Männermarkt austesten. Ausgehen, tanzen, Spaß haben, lachen, singen, träumen, flirten. Oh, das fühlt sich genial an. Der Gute-Laune-Pegel steigt und steigt. Allein der Gedanke daran überschüttet mich mit Glückshormonen.
Doch kaum haben wir unser Vorhaben ausgesprochen, kommt Elvis aus seiner Ecke und fängt zu knurren an. Ich bin gespannt, was er sich wieder einfallen lässt, um mich von meinem Vorhaben abzubringen. Langsam und bedächtig schleicht er um mich herum, kläfft leise und dann wieder etwas lauter. Ist ja klar, er will Beachtung. Ich ignoriere ihn, das ist immer besser, sonst lässt er mir den ganzen Tag keine Ruhe.

Ich schwelge schon in Vorfreude und überlege bereits, was ich anziehe, denn das ist immer das Allerschwierigste für mich bei einem solchen Vorhaben. Es sollte luftig sein, denn wer weiß - bei den vielen Tänzern, die ich erwarte, kann ich schnell ins Schwitzen kommen ... lach. Ich reiße den Kleiderschrank auf und wühle ein bisschen darin herum. Zu eng, zu kurz, zu tief ausgeschnitten, zu elegant, zu langweilig. So geht das die ganze Zeit.

Elvis hat sich wieder in seine Ecke verkrümelt und liegt auf der Lauer. Er spekuliert darauf jeden Moment zum Einsatz zu kommen. Mal sehen, wie lange er sich Zeit lässt.

Ich finde eine schöne Bluse und ziehe sie an, kritisch drehe ich mich vor dem Spiegel und da ist sie schon, die Stimme des Grauens. "Wie scheiße sieht das denn aus? Darin hast du eine gewisse Ähnlichkeit mit einer Presswurst!" Bluse aus und etwas anderes suchen. Gut, was hat mein Schrank denn noch zu bieten? Ah, ein schönes Kleid, schnell hineinschlüpfen und schauen, wie es passt. Ach, du Schande, wo kommen denn die Speckrollen her? Waren die gestern auch schon da? Elvis kichert und grunzt: "Das wird nichts meine Liebe, das sieht so gruselig aus, ich würde an deiner Stelle lieber zu Hause bleiben." "Elvis, bitte halte die Klappe, ich möchte mal wieder ausgehen und Spaß haben, zu Hause sitze ich oft genug."

Also weitersuchen, ich werde schon noch etwas Passendes finden, wäre ja gelacht. Ich greife zu einem schönen Pullover. "Zu warm", schreit Elvis, "willst du sofort anfangen zu schwitzen?" Oh, so ein Mist, das Oberteil passt nicht zu der Hose, die ich mir ausgesucht habe. Also, die nächste Hose raus. Herrje, die ist zu eng. Egal, ich habe ja noch 12 andere im Schrank, eine wird wohl passen. Pustekuchen, mein Schrank ist voll und ich habe rein gar nichts zum Anziehen, das kann doch nicht sein!

Elvis scharwenzelt um mich herum. "Die Couch ist so gemütlich", lese ich in seinem treuen Hundeblick. Ich bin tapfer und ignoriere seine Verführungskünste, obwohl ich ehrlich zugeben muss, dass ich mich schon beinahe auf dem Weg befinde, abzusagen. Nichts da, das ist mein Abend!

Also weitersuchen und immer schön locker bleiben. "In dem Lokal ist es sicher wieder total voll, die Männer sind außerdem alt, hässlich und können bestimmt nicht tanzen. Sie werden dir auf den Füßen rumtrampeln und du wirst dich total ärgern, dass du ausgegangen bist!" Elvis, Schnauze!

Ich wühle mich weiter durch meinen Kleiderschrank, doch bei jedem Teil, das ich anprobiere, fällt Elvis der passende Spruch ein. Demoralisieren ist seine Devise, ist ja klar, er will einen guten Job machen.
Ich spüre, wie sich in mir langsam, aber sicher Verzweiflung ausbreitet. Hab ich denn wirklich nichts Passendes zum Anziehen? Etwas, das einigermaßen gut sitzt, sexy aussieht, trotzdem bequem ist und die Männerherzen reihenweise dahinschmelzen lässt? "HIHIHI", Elvis lacht sich ins Fäustchen und kommt mit dem Angebot, mich doch lieber mit einem Glas Rotwein vor den Fernseher zu hauen und einen romantischen, rührseligen Film anzuschauen. "Du bist still, mein Freund, heute gehe ich weg und wenn ich nackig gehe. Das ist mein Abend, den kannst du mir nicht vermiesen."

Nach einstündiger verzweifelter Suche finde ich endlich ein passendes Outfit. Eines, das gut aussieht und wirklich bequem ist. Ich habe Elvis mit einer lila Schleife die Schnauze zugebunden, jetzt ist er sauer und schmollt. Du hast deinen Job gut gemacht, mein Lieber, und mich wieder einmal an meine eigenen Grenzen gebracht. An die Grenzen meines Tuns. Dabei habe ich ganz deutlich gespürt, dass ich immer noch die Herrin in meinem eigenen Haus bin.

Danke Elvis, du treue Seele ... die besten und wirkungsvollsten Erfahrungen mache ich doch immer wieder mit dir.

Traumfrauen unterwegs

Gestern Abend war ich gemeinsam mit zwei Freundinnen auf der Piste. Nach vielen Jahren schafften wir es mal wieder, uns unter das Volk zu mischen. Da ich im Allgäu lebe und die beiden im Westerwald, haben wir wenig Möglichkeiten, zusammen etwas Schönes zu unternehmen. Doch gestern war es endlich so weit. 153 Jahre geballte Ladung Humor, Einfallsreichtum, Witz und Originalität waren somit unterwegs, um sich so richtig zu vergnügen.

Unser Ziel war Koblenz. Ich kann mich nicht mehr erinnern, wann ich dort zuletzt ausgegangen war. Die Altstadt ist einfach prächtig und wunderschön, es gibt jede Menge kleine und feine Lokale. Im Sommer, wenn es dann mal warm ist, muss es herrlich sein, hier draußen zu sitzen und die Leute zu beobachten. Ich war ganz enthusiastisch, unzählige Menschen waren unterwegs und es gab unerschöpflich viel zu sehen. Wir schlenderten so durch das Städtchen und schauten uns erst einmal die Schaufenster an. So ein kleiner Bummel bei geschlossenen Läden hatte auch seinen Reiz. Der Geldbeutel und das Konto blieben verschont und die Träume, Wünsche und Sehnsüchte wuchsen in den Himmel.

Wir betrieben Schulung des Vorstellungsvermögens und befanden uns geradewegs mitten in unserer Phantasiewelt, absolut genial. Auf den Straßen war jede Menge los, wo kamen die Leute nur alle her? Ich freute mich wie ein kleines Kind, denn in den letzten Monaten war ich selten unterwegs gewesen. War das schön! Ich genoss dieses Flair in vollen Zügen und saugte die Geräusche alle in mich auf.

LEBEN, das ist LEBEN, Menschen, Lachen, übersprudelnde Freude, ich war rundweg begeistert und ganz aus dem Häuschen. Wir trafen auf eine Gruppe junger Männer, die Junggesellenabschied feierten. Sie hatten eine Kiste dabei, auf der stand **"Wer möchte mit Martin in die Kiste steigen?"** Geniale Idee und wir ließen uns natürlich nicht lange bitten. Für solche Späßchen sind wir doch immer zu haben. Zu dritt stiegen wir in diese berühmte Kiste, nahmen den jungen Mann auf den Arm und zur Belohnung gab es dann einen "SCHARFEN HÜPFER".

Das war eine Gaudi ganz nach unserem Geschmack - der Abend versprach lustig und urig zu werden.

Heimlich, still und leise hatte ich mir einen Mann beim Universum bestellt und hoffte inständig, dass er heute Abend geliefert wurde. Na ja, wir werden sehen, irgend so ein Prachtexemplar wird ja wohl für mich zu finden sein ... lach, grins. Wir steuerten ein richtig uriges Lokal an und ich fühlte mich sofort pudelwohl, denn das entsprach genau meinem Geschmack. Bayrisch halt, so wie es sich für mich gehört. Also Jungs, aufgepasst: Hier kommen die Elwerter Mädels, jetzt geht's rund mit der Paula! Alter Spruch von mir …

Heiliger Bimbam, was es hier alles zu sehen gab. Ich muss schon sagen, einige Mädels hatten echt Mut zur Katastrophe. Meine Mama hätte mich früher eingesperrt und erst wieder rausgelassen, wenn ich vernünftige Kleider angehabt hätte. Junge, schwangere Frauen im Supermini-Pailettenkleid - na, die trauten sich ja etwas.

War ich jetzt spießig oder altmodisch oder nur ein Klatschmaul? Ach, so ein bisschen lästern war doch schön und gehörte einfach dazu. Am Nachbartisch saß eine Gruppe Männer. Die Eheringe an ihren Fingern glänzten genauso hell wie ihre Augen. Noch trauten sie sich nicht so richtig. Um entsprechend munter und fidel zu werden, fehlten noch ein paar Promillchen. Das Licht wurde gedimmt, in null Komma nix waren unsere Falten (das ist ein Witz, wir haben nämlich keine) verschwunden und wir erstrahlten in neuem Glanz. Lachen pur, Freude ohne Ende und einfach nur GLÜCKLICH SEIN war für diesen Abend oberste Priorität. Unsere Blicke schweiften durch den Raum, wir schnuddelten mal hier und lästerten mal da, alles war erlaubt, so lange es niemanden verletzte.

Wir lebten im Hier und Jetzt, amüsierten uns von Herzen, waren albern, übersprudelnd, begeisternd, beschwingt und voller Lebensfreude. Denn so jung würden wir nie mehr zusammenkommen! Dieser Abend wird uns allen dreien in wunderbarer Erinnerung bleiben, denn wir durften wieder einmal entdecken, wie wenig es bedarf, um sich eine Freude zu machen: einfach nur leben, lachen, scherzen und den Augenblick, so wie er ist, genießen.
Dafür möchte ich ein ganz großes DANKE sagen.

Übrigens: Meine Bestellung beim Universum kam an diesem Abend nicht an, er war wohl verhindert oder an einem anderen Platz, vielleicht hatte er aber auch nur sein Supermannkostüm nicht gefunden. Ich lachte mich schief bei diesem Gedanken. Stell dir das doch einfach mal bildlich vor, wie er vor dem Schrank steht und sucht … prrrrrrruussst!

ELVIS war wieder da

Ich sitze im Auto und plötzlich laufen mir, ohne Vorwarnung, die Tränen aus den Augen. So ein Mist, kein Taschentuch in der Nähe. Verzweifelt wühle ich in allen Taschen, nix! Also laufen lassen und hoffen, dass die Schminke bleibt, wo sie ist.

Rückblende:
Gestern Abend fand mein erster Vortrag im Westerwald statt. Ich war voller Vorfreude, Aufregung und Spannung: Wer wohl alles kommen würde?
Also hieß es: Blumen kaufen, Tische vorbereiten, Bücher ausstellen, die Stühle so hinstellen, dass mich alle gut sehen konnten. Ich spürte immer wieder in meinen Vortrag hinein und sprach meinen Text laut vor mich hin. "Der ganze Hokuspokus hat beim letzten Vortrag auch nicht geklappt. Wärst lieber daheim geblieben." Das war Elvis - mein Schweinehund. Ab und an muss er einfach die Klappe aufreißen. "Schnauze Junge, du hast heute Sendepause!"

Der Uhrzeiger wanderte langsam und unaufhörlich weiter. Ich versuchte, ganz ruhig und gelassen zu bleiben. Echt jetzt oder veräppelte ich mich mal wieder selbst? Berechtigte Frage! Ein Blick auf meine Uhr, nur noch eine viertel Stunde. In dem Moment kamen zwei Damen herein. Noch fünf Minuten, eine weitere Dame betrat den Raum. In mir war Gelassenheit. Gut, ich würde auch vor nur vier Personen reden, wenn's sein musste. War ich wirklich so gelassen, wie ich glaubte, oder kam mein schauspielerisches Talent wieder einmal zum Vorschein? Elvis quatschte mir dauernd ins Ohr und versuchte, mir ein schlechtes Gewissen zu machen. "Hättest du mal besser mehr Werbung gemacht, die Zeit war viel zu knapp. Ich habe dir gesagt, dass das nicht funktionieren wird. Zu Hause auf der Couch wäre es schön bequem gewesen." "Hallo, hör endlich auf, mir reinzureden! Du hast hier nix verloren, also verkrümel dich, aber zackig!" Mit hängenden Ohren trottete er davon. Hoffentlich verhielt er sich jetzt ruhig, sonst würde es ein totales Chaos geben. Ich hielt dann meinen Vortrag vor den vier Damen und hatte das wundervolle Gefühl, ihnen etwas Positives mitgegeben zu haben. Ziel erfüllt, würde ich sagen!

Doch mal ganz ehrlich, warum bin ich dann so traurig, warum laufen mir die Tränen? Logisch, ich kann davon schlecht leben, meine Unkosten wollen gedeckt werden und wenn bei den anderen Vorträgen auch so wenig Zuhörerinnen kommen, habe ich ein großes Problem.
Tja, da ist er wieder, mein Geldmangelgedanke! Elvis lauert im Hintergrund und flüstert mir schon wieder ins Ohr. "Dich will eh keiner hören. Du und deine großen Pläne, wen interessiert das denn schon?" Dieser Kerl gibt wohl nie auf. In den letzten Wochen hat er sich absolut genial verhalten: ruhig und zurückhaltend, das war richtig angenehm. Will er mich auf die Probe stellen? Einverstanden, ich nehme die Herausforderung an.

Ich fahre mein Auto an den Standstreifen und atme tief durch. Der Kerl schleicht sich von hinten an mich heran und will mir in die Parade fahren: "Schmeiß alles hin. Was soll das? Geh wieder zur Arbeit wie jede andere auch, ich hab´s dir gleich gesagt. Die blöden Weiber, denen ist eh nicht zu helfen. Meckern wollen sie alle, aber Veränderung nein danke, denn das ist ja mit Anstrengung verbunden." "STOPP, du hast immer noch Sendepause, mein lieber Schweinehund. Das hier geht dich überhaupt nix an!" Plötzlich beschleicht mich ein anderes Gefühl. Ein Gefühl der Ohnmacht und der Verzweiflung. Hat er vielleicht ein klitzekleines bisschen Recht? Sollte ich vielleicht doch auf ihn hören? Ehrlich gesagt, ich bin total verzweifelt, hole erneut ganz tief Luft und verbanne alle bescheuerten Gedanken aus meinem Hirn. Gas geben, weiterfahren und einfach neugierig auf das sein, was heute noch passieren wird.

Mein Ziel ist ein großes Kaufhaus, um meine Flyer dort auszulegen und mich ein bisschen umzusehen. Plötzlich kommt mir der geniale Gedanke, die Frauen persönlich anzusprechen, ihnen die Flyer in die Hand zu drücken und ein paar erklärende Worte dazu zu sagen.

Die Idee ist wirklich grandios, denn die Damen sind sehr interessiert, und das fühlt sich einfach wunderbar an. Ich erkläre kurz, worum es in dem Vortrag geht: um mehr Achtsamkeit und Aufmerksamkeit für die eigene Person. Damit die Frauen lernen, auf ihre persönlichen Wünsche, Träume und Sehnsüchte zu achten. Denn wenn es den Frauen gut geht, profitieren alle Menschen in ihrer Umgebung davon. Das Strahlen in ihren Augen fasziniert mich und ich spüre eine Welle des Glücks durch mich hindurchströmen.

Genau das ist es! Ich sollte mehr präsent sein, mich mehr den Menschen zeigen. Denn die Plakate und Flyer werden oft übersehen oder wandern sofort in den Mülleimer. Mein persönliches Auftreten jedoch, meine Freude am TUN und meine Lebendigkeit werden den Frauen in Erinnerung bleiben.

Es kommt nicht darauf an, wie viele Menschen mir zuhören, sondern darauf, wie sie die Botschaft aufnehmen und für sich umsetzen. Hier ist die eigene Geduld gefragt und das Vertrauen in den persönlichen Prozess. Ich bin mir hundert Prozent sicher, dass ich den richtigen Riecher für meine Vorhaben besitze und meine Intuition gibt mir Recht.
Also ELVIS, lass es einfach gut sein. Du darfst getrost davontrotten und auf meinen nächsten Anfall warten ... lach!

Weißt du noch?

Momentan schwebe ich ein bisschen in der Nostalgie-Welle und muss sagen, ich genieße es in vollen Zügen. Seit ungefähr drei Wochen bin ich in meiner alten Heimat und fühle mich hier so pudelwohl wie schon lange nicht mehr. In den letzten Jahren kam ich mir bei so manchem Besuch völlig ausgeschlossen vor. Irgendwie gehörte ich nicht mehr richtig dazu. Das stimmte mich oft sehr traurig. Vielleicht habe ich mich aber auch selbst ausgeschlossen und es nur nicht wahrhaben oder mir selbst eingestehen wollen.

Doch dieses Mal ist es wie früher. Ich bin willkommen und fühle mich leicht und beschwingt. Wir haben uns alle viel zu erzählen, sind neugierig auf die Erlebnisse des anderen und quatschen den ganzen lieben langen Tag. Heute mit ihm/ihr und morgen mit ihr/ihm. Das finde ich überaus spannend und ganz oft fallen die wundervollen Worte **"Weißt du noch"?**

Das ist das Beste überhaupt, sich gegenseitig an die alten Geschichten zu erinnern. An Dinge, die humorvoll, spannend, witzig und hoffnungsvoll waren und uns große Freude bereiteten. Jedoch auch an Begebenheiten, die ich lieber vergessen würde, weil sie evtl. gar so peinlich, verworren, horrorhaft, enttäuschend und greißlig waren ... brrrrrrrr! Bei manchen Erinnerungen läuft es mir heute noch den Rücken herunter - bei einigen KALT und bei den anderen HEISS, lach, grins! Doch heute lachen wir alle darüber und sind froh, all dieses erlebt zu haben, denn sonst wäre es ja schrecklich langweilig und wir hätten uns nichts mehr zu erzählen.

Weißt du noch ... wie verknallt wir waren? Ach du Heiliger, in den? Wenn ich mich so Recht erinnere - stimmt, da war mal was. Das will ich aber lieber vergessen, ganz schnell. Am besten noch schneller.

Weißt du noch ... wie wir in unseren Stöckelschuhen in die Stadt liefen und ich vom Bordstein fiel, weil ich nur Augen für die Jungs von der Bundeswehr hatte? Wie peinlich war das denn?!

Weißt du noch ... wie meine Freundin Ria und ich immer von unserer Klassenlehrerin Schläge auf die Finger bekamen, weil sie uns jeden Tag dabei erwischte, wie wir Liebesbriefe an Rex Gildo schrieben? Aua!

Weißt du noch ... als ich in ganz jungen Jahren unseren Busfahrer darauf aufmerksam machen wollte, dass mit seinem Haar etwas nicht stimmte, um ihm dann so richtig mit Schmackes das Toupet vom Kopf zu reißen? In dem Moment tat sich vor mir der Boden auf und ich wollte nur noch darin versinken. Heute redet er wieder mit mir ... Gott sei Dank!

Weißt du noch ... als wir in unserer Disco Fortuna in Holler erstes Geknutsche im Halbdunkeln ausprobierten, tanzten bis zur Erschöpfung und Krokodilstränen weinten, wenn der Angebetete mit einem anderen Mädel durchbrannte? Herzschmerz ohne Ende!

Das alles und noch viel mehr verbindet mich mit den Menschen hier in meiner Heimat. Sie begleiteten mich in meiner Kindheit und Jugendzeit. Sie liegen mir sehr am Herzen, denn sie sind ein Teil meines LEBENS. Ich möchte KEINE/N missen und ich freue mich immer, sie alle wiederzusehen.

Auf Wiedersehen Heimat

Heute heißt es Abschied nehmen - Abschied von meiner Heimat, Abschied von meinen Eltern, Kindern, Enkelkindern, meinem Bruder, Verwandten, Freunden und Bekannten. Abschied von einem Teil in mir, den ich lange vor mir selbst verborgen hielt. Ein Teil, den ich lange Zeit völlig ignorierte. Ein Teil, der ganz einfach zu mir gehört, genauso wie die Menschen hier.
Die Menschen, die für mich Wegbegleiter waren, die meine Kindheit und Jugend prägten. Menschen, die mir ans Herz gewachsen sind und die ich in der Ferne sehr vermisse.

In diesen vier Wochen in meiner Heimat durfte ich sehr viel lernen, erkennen, spüren. Jetzt darf ich mich neu sortieren und orientieren. Manche Ereignisse fühlen sich richtig gut an und ich könnte jubeln, tanzen, singen und vor Freude schweben.

Ich habe den Mut gefasst, alte Freundschaften wiederzubeleben, ich habe mich getraut, einfach auf der Matte zu stehen und zu sagen: "**Hier bin ich** ... lass uns ganz neu beginnen." Doch es gibt auch Menschen, von denen ich mich verabschieden darf, und das schmerzt mich enorm. Ich bin gewachsen, habe mich verändert und anders entwickelt. So anders, dass einige Leute damit nicht mehr zurechtkommen. Ich habe mich für ein bejahendes, eigenverantwortliches Leben entschieden. Für ein Leben, in dem ich nach Lösungen Ausschau halte und nicht in meiner Problematik versinke oder mich gar darin suhle.

Ich möchte, dass mein Leben ein Fest ist. Ein Fest der Liebe, des Glücks, der puren Lebensfreude, der Hoffnung, der Begegnungen und der Begeisterung. Ein Leben mit Menschen, die mich verstehen und zu mir halten, die mir die Chance geben, mich zu beweisen, die mir zur Seite stehen und mich unterstützen. Menschen, mit denen ich mich ehrlich und leidenschaftlich austauschen kann. Menschen, die es verstehen, eine andere Sichtweise zu respektieren, zu akzeptieren und zu tolerieren. Menschen, die mein Herz berühren, die mich zum Träumen und zum Nachdenken bringen. Menschen, auf die ich mich verlassen kann und die auch in stillen und traurigen Zeiten an meiner Seite stehen.

Menschen, die mich so annehmen, wie ich bin: verrückt, träumerisch, abenteuerlich, neugierig, unternehmungslustig, spontan, begeisterungsfähig, zuversichtlich, mutig, risikobereit und ein bisschen chaotisch. Menschen, die auch meine Schwachpunkte achten, schätzen und respektieren, denn ich kann auch traurig, enttäuscht, wankelmütig, unentschlossen, empfindsam und ungeduldig sein. Menschen, die eine Gemeinschaft bilden und sich gegenseitig Unterstützung bieten, die füreinander da sind und sich mit ihren Ideen bereichern.

Während ich dies hier schreibe, laufen mir die Tränen die Wangen herunter und tropfen in meinen Ausschnitt. Wenn das so weitergeht, habe ich ruck, zuck eine Überschwemmung in der Bluse. Ich höre mir in endlosen Wiederholungen das Lied von Udo Jürgens "Ich war noch niemals in New York" an.

Dieses Lied drückt so wunderbar ergreifend meine Sehnsucht nach neuen Ufern, nach einem neuen Leben, nach neuen

Abenteuern und mein Fernweh aus. Gleichzeitig spüre ich auch die Gefühle des Verlassens, der Einsamkeit, der Ungewissheit, der Sehnsucht nach Liebe und Anerkennung.
Ich möchte allen Menschen danken, die wieder in mein Leben getreten sind, um erneut ein Stück des Weges mit mir zu beschreiten. Meinen ganz großen Dank richte ich an die Menschen, deren Wegbegleitung hier und heute endet. Sie waren für lange Zeit eine große Stütze und eine wundervolle Bereicherung.

Heute werde ich meine Heimat verlassen, um wieder Richtung Süden zu fahren in die Wahl-Heimat, die ich mir für ein neues, spannendes Leben auserkoren habe - die Wahl-Heimat, die so wunderschön ist.

Doch ein Teil von mir wird immer hier bleiben. Hier, wo ich aufgewachsen bin. Hier, wo meine Wurzeln sind. Hier, wo die Menschen leben, die ich von klein auf kenne.

Ich komme wieder. Darauf freue ich mich schon sehr.

Falle auf ... Falle zu

Gestern bin ich mal wieder so richtig fett in meine eigene Falle getappt: Falle auf ... Falle zu!

Verkehrszählung war angesagt. Interessant, was ich gerade alles so mache, um mein tägliches Leben zu bestreiten. Bin daher sehr gespannt, was mir dieser Tag bringen wird. Das Ganze läuft so ab, dass ich mich mit meinem Auto an den Straßenrand stellen muss und die vorbeibrausenden Autos zu zählen habe - zwei Stunden lang, sehr spannend ... lach!
Also, erst mal war meine Bekannte krank und ich musste die zweite Stunde daher auch alleine zählen. Beide Straßen, rauf und runter! Na, BRAVO. Erstaunlicherweise verging die Zeit wie im Flug, denn es gab eine Menge zu beobachten. Das hätte ich nicht vermutet. Hatte schon etwas für sich die Situation, in der ich mich da befand. Ich wäre ohne Geldmangel nie und nimmer auf die Idee gekommen, etwas Derartiges zu tun.

Am Nachmittag waren weitere drei Stunden mit einem mir unbekannten Mann geplant. Ich kannte nur den Namen, sonst nix. Gott sei Dank bin ich stets neugierig und wenig ängstlich, FRAU weiß ja nie ... neee!
Drei Uhr und der Typ war nicht in Sicht. Ich verspürte leichten Ärger und griff sofort zum Telefon. Es waren zwar erst zwei Minuten nach drei Uhr, doch in mir stieg schon der richtig fette Groll hoch. Ach, er soll zuverlässig sein. Wer`s glaubt, wird selig. Ich hatte alle Hände voll zu tun, beide Seiten zu beobachten: in jeder Hand einen Zähler und immer schön klicken. Kam ein LKW, Motorrad, Radfahrer oder Bus, musste ich zusätzlich Striche in meine Liste machen - für beide Seiten wohlgemerkt. Meine Wut stieg, die unflätigsten Worte kamen

mir in den Sinn und mein Geist beschäftigte sich schon voller negativer Emotionen damit, das Auto anzuschmeißen und loszubrausen. Mein Blick hing ständig im Rückspiegel, um diesen Kerl ausfindig zu machen, denn er sollte mit dem Fahrrad unterwegs sein.

Um 15.20 Uhr erblickte ich in meinem Spiegel einen jungen Mann. Das kann der doch wohl nicht sein, was ist das denn? Ich bekam eine Krise nach der anderen, meine Gedanken überschlugen sich. Ganz gemütlich legte er sein Fahrrad hin, kam im Schneckentempo auf mein Auto zu und anstatt die Tür aufzureißen und sich sofort bei mir zu entschuldigen, blieb er vor der Autotür stehen. Mein Puls fingt an zu rasen, die wüstesten Beschimpfungen fielen mir ein, doch der Kerl blieb stehen, bewegte sich kein bisschen. Das war der Oberhammer und ich war kurz vorm Platzen. Ich öffnete das Fenster und fuhr ihn sofort mit den Worten "Und wann bewegst du dich jetzt mal?" an. "Findest du es super, dass du mich hier so lange alleine stehen lasst und jetzt machst du auch noch einen auf gemütlich?"

Eine leise Stimme in mir meldete sich zu Wort und ich war ziemlich entrüstet über meine eigene Unfreundlichkeit. Waren so viele negativen Gefühle, Wut und Ärger in mir?
Ich dachte, ich wäre auf dem göttlichen Weg der Gelassenheit und des Verständnisses, jetzt tat sich jedoch meine eigene Hölle vor mir auf. Schweig ... du Stimme in mir … auch göttliche Wesen dürfen mal fluchen und wütend sein, oder? Irgendwann, so nach 30 Sekunden, bequemte sich der Herr ins Auto. In aller Ruhe natürlich, bloß keine Hetze. Jetzt fing er auch noch an zu schnüffeln und zog alle Sekunde die Nase hoch. Gleich platzte ich, mein Blutdruck stieg und die Stimme

in mir forderte mich auf, etwas cooler und freundlicher zu sein. Keine Chance, mein Temperament ging mit mir durch und ich fauchte ihn an: "Brauchst du ein Taschentuch?" Er hatte eins, holte es aus der Tasche und schnäuzte sich, während ich mit beiden Händen die Knöpfe auf dem Zähler drückte und aufpasste, dass mir kein LKW durch die Lappen ging.

Das war mir alles nun wirklich zu viel und ich verstrickte mich in wüste Beschimpfungen. Gleichzeitig sprach die Stimme in mir, den armen Menschen doch mal zu Wort kommen zu lassen. Es gab doch sicher eine plausible Erklärung für sein Zuspätkommen. Nix da, ich war SAUER, und das wollte ich in dem Moment gefälligst auch zum Ausdruck bringen dürfen. Er blieb weiter ganz ruhig und gelassen, was mich noch mehr auf die Palme brachte. Der hatte sich hier gefälligst gebührend zu entschuldigen. Er versuchte es ja, doch ich fiel ihm ständig ins Wort. Langsam tat er mir dann doch leid. Was war ich wieder scheußlich! Stopp … mach dich nicht wieder klein, aber lass die Pöbelei, das bringt keinem etwas. O.K., ich hörte mir seine Erklärung an, aber eine Entschuldigung hatte er nicht in petto. Langsam beruhigte ich mich und kam von meinem Horrortrip in die Welt der Freundlichkeit zurück. Gnädigerweise gab ich ihm doch eine Chance. Ich erklärte ihm kurz den Verlauf, dann schwiegen wir - war wohl auch besser, erst einmal die Emotionen herunterzufahren.

Plötzlich bemerkte ich ein totales Unbehagen in mir. Irgendwie fühlte ich mich im Recht und trotzdem unwohl. So wütend und ungerecht war ich schon lange nicht mehr. Das erschrak mich dann schon ein bisserl. Monster Ulla … Langsam näherten wir uns mit unverfänglichen Gesprächen

an, etwas holprig und immer schön aufpassen, welche Worte wir wählten.
Um es kurz abzuschließen: Es waren aufschlussreiche 2,5 Stunden. Ich lernte einen wunderbaren, interessierten, intelligenten, jungen Mann kennen, der in vielen Dingen die gleiche Meinung vertrat wie ich. Aber hallo, ich war mehr als erstaunt, denn die Zeit verging ziemlich schnell und ich hätte noch zwei Stunden so sitzen können.

Die Quintessenz dieser Geschichte und was ich daraus lernen durfte: Urteile nie nach dem Aussehen, nie nach deinen negativen Befindlichkeiten und lass das Schubladendenken einfach sein. Gib dir selbst die Chance, einen Menschen kennenzulernen, es könnten Perlen sein, die dein Leben bereichern und erfüllen. Ich bin sehr dankbar für diese wundervolle Begegnung - auch für die Begegnung mit meinen Schattenseiten. Sie haben ebenso eine Berechtigung zur Existenz und dürfen angenommen werden.

Es ist gut zu erkennen, was für Gefühle gerade in mir sind. Dadurch bekomme ich die Möglichkeit, sie ins POSITIVE umzuwandeln …

Mach`s gut, da wo du jetzt bist

Heute Morgen erreichte mich die schreckliche Nachricht vom Tod einer Bekannten. Ich bin fassungslos, traurig und erschüttert, doch parallel dazu breitet sich auch Wut und Verständnislosigkeit in mir aus. Sie war gerade erst 50 Jahre alt. Ein Alter, in dem das "richtige" Leben doch erst beginnt. Tränen laufen über mein Gesicht und ich erinnere mich schmerzlich an all die unzähligen Bekannten, die in den letzten Jahren viel zu jung von dieser Erde gegangen sind. So viele Menschen sind einfach fort, unwiederbringlich verschwunden.
"Wir sehen uns ganz bestimmt. Ich besuche dich das nächste Mal im Allgäu", das waren ihre letzten Worte zu mir. Jetzt ist sie tot und wir werden uns hier in diesem Leben nicht mehr wiedersehen! Ich spüre die Trauer in mir hochsteigen und meine Gedanken beschäftigen sich mit den Wünschen, Träumen und Sehnsüchten dieser Menschen. Hatten sie ihren Traum gelebt, ihre Wünsche wahr werden lassen, ihre Sehnsucht gestillt? Hatten sie ein Leben in berauschender Liebe, hinreißender Freude und völliger Zufriedenheit?

Wie viele kümmerten sich ausschließlich um die Belange der "anderen" und verschoben ihre eigenen Bedürfnisse auf "später"? Wie viele von ihnen sind gegangen ohne persönliche Erfüllung, ohne sich jemals Zeit für sich SELBST genommen zu haben? Wie viele haben ihre letzte Reise angetreten, ohne richtig gelebt zu haben?

In diesen Momenten der Trauer besinne ich mich auf meine eigenen Wünsche, Träume und Sehnsüchte. Wie habe ich mein eigenes Leben bis jetzt gelebt? Habe ich all mein Verlangen und meine Wünsche zugelassen? Bin ich dem Ruf meines

Herzens gefolgt? Habe ich mein selbst gestecktes Ziel erreicht? Habe ich überhaupt ein Ziel und wenn ja, welches? Was strebe ich in diesem Leben wirklich und aus tiefster, reiner Seele an? Was begehre ich noch, was fordere ich, was erhoffe ich mir weiterhin?
Immer, wenn ein Mensch, den ich gut kannte, stirbt, kommen mir solch prüfende Gedanken. Ich werde melancholisch, wehmütig, traurig und stelle mir tausend Fragen.
Wieder einmal mehr spüre ich, wie wichtig es ist, die eigenen Wünsche, Träume und Sehnsüchte Wirklichkeit werden zu lassen. Sie aufzugreifen, sie zu beachten, sie zur Entfaltung zu bringen. Die Sorgen, Ängste und Nöte, die deinen Weg zum Ziel begleiten, in Kauf zu nehmen, um daraus zu lernen.

Wann hast du dir zuletzt die Fragen nach deinen Wünschen oder Sehnsüchten gestellt? Wann hast du ganz intensiv darüber nachgedacht, welche deiner Träume du dir noch erfüllen möchtest? Wann hast du dir vor lauter Sorge, dein Ziel nie zu erreichen, keine Chance gegeben und es auf später verschoben? Wann hast du dir vorgenommen, alte Freunde oder Bekannte zu besuchen und hast es immer wieder vertagt? Wann wolltest du dir das tolle Kleid kaufen? Wann in das Land deines Herzens reisen? Wann hast du zuletzt beschlossen, es "jetzt und sofort" zu tun? Wann hast du dir gesagt: **"Wenn nicht jetzt, wann dann?"**

Wir sollten es tun, DU und ICH!
Wir sollten es tun, HIER und HEUTE!
Wir sollten es tun, um es zu ERLEBEN!

Braver Elvis, gut gemacht

Mein "Elvis" ist momentan der gehorsamste und anständigste Schweinehund, den "Frau Ulla" sich nur wünschen kann.

Er liegt brav in der Ecke und lässt ein bisschen die Ohren hängen. Gelegentlich schaut er mich mit seinen großen, treuen Hundeaugen an und lechzt nach etwas mehr Aufmerksamkeit. Ansonsten ist er jedoch überaus brav. Muss ich mir jetzt Gedanken machen? Ist er etwa krank oder vielleicht sogar sauer? Soll ich ihn fragen oder lieber in Ruhe lassen? Meine Entscheidung fällt auf letzteres. Wer weiß, was ihm ansonsten wieder alles so einfällt. Er wird sich schon bemerkbar machen, wenn er etwas zu sagen hat. Ich genieße die Ruhe und absolute Stille, denn das kommt extrem selten vor. Es ist wahnsinnig entspannend, dass er nicht alle fünf Minuten versucht, mir ans Bein zu pinkeln, weil er wieder seinen Sturkopf durchsetzen will.

Ich bin so was von unbeschreiblich fleißig und zielstrebig wie schon lange nicht mehr. Die Arbeit an meinem Buch beansprucht doch wesentlich mehr Zeit, als ich erwartet hatte. Fast den ganzen Tag bin ich damit beschäftigt, meine Geschichten zu überarbeiten und etwas mehr zu strukturieren. Schon komisch, dass Elvis so tut, als würde ihn das kaltlassen. Ist er am Ende doch schwer krank? Hat er möglicherweise die Leck-mich-am-Arsch-Krankheit?

Ich finde es überaus interessant, mich selbst erneut zu beobachten und mein derzeitiges Verhalten zu reflektieren. Plappert Elvis, ist es nicht Recht. Ist er still und unauffällig, passt es auch nicht. INTERESSANT!
"Hey Frau, sind wir wieder wankelmütig, brauchst du etwa charmante Unterhaltung oder eine anregende, amüsante Diskussion?" Ab und an lausche ich in mich hinein - Stille. Unheimliche Stille! Ob er gestorben ist? Langsam mache ich mir ernsthaft Sorgen.
So, jetzt aber Schluss! Bisher haben keine Kirchenglocken geläutet, also wird er wohl noch leben.
Ich widme mich wieder meinem Buch und komme sehr gut voran. Wenn ich weiter so eifrig bin, wird mein erstes Buch noch vor Weihnachten das Licht der Welt erblicken. Freudige Erregung macht sich in mir breit und ich bin stolz wie Bolle.

Mein Blick fällt auf die Uhr. Oh, höchste Zeit, ich habe noch einen Termin im Nagelstudio. Rucki, zucki Turnschuhe an und ab ins Auto. Auf dem Rückweg möchte ich noch eine Runde laufen, um den Kopf auszulüften und wieder klare Gedanken zu bekommen. Das tut mir sicher gut, der Himmel ist ganz blau und die Sonne scheint wunderbar. Das Leben ist schön, bunt und aufregend. Wo gehe ich jetzt laufen: an der Iller, auf dem Berg oder lieber durch den Wald? Ich überlege hin und her. Plötzlich taucht in meinem Innern eine altbekannte Stimme auf: "Geh doch nach Hause und leg dich auf die Couch. Meditiere und schalte ab, das ist viel besser! Du musst jetzt nicht durch die Gegend laufen!"
"Wer war das, wer spricht mit mir? Elvis, bist du das?"

Er lebt, ja er lebt noch! Ich spüre eine ungeheure Erleichterung. Wie schön, er ist wieder da. Was hätte ich bloß ohne ihn gemacht, da wäre mein Leben ganz schön farblos, langweilig und öde. Wir brauchen alle unseren kleinen Schweinehund, denn er zeigt dir, wo es langgeht in deinem Leben. Er schenkt dir täglich Prüfungen und du darfst dich mit deiner eigenen Person auseinandersetzen. Er testet stets deinen Willen. Und ob er stark genug ist, um dich erneut aufs Kreuz zu legen. Er ist immer bei dir, er ist eine treue Seele und verlässt dich nie.

Danke Elvis, ich hab dich lieb!

PS: Ich habe den guten Rat von Elvis befolgt und mich auf die Couch gelegt.

Nachwort

Vielleicht hast du dich in einigen Passagen meiner Geschichten wiedererkannt oder schon Ähnliches erlebt. Denke stets daran, dass der Weg das Ziel ist und mit jedem Schritt, den du dich wagst zu gehen, kommst du deinem Traum, deiner Vision, deiner Mission und dem Zweck deiner Existenz etwas näher.

Gib dir die Zeit zu erfühlen und zu erspüren, was deine Wünsche und Ziele im Leben sind.

Ab dem Jahr 2011 biete ich Frauen eine einwöchige Auszeit-Reise an. Eine Reise zu sich selbst. Eine Reise in die Stille. Eine Reise zum eigenen Herzen.

Ferner halte ich Vorträge zu folgenden Themen:

Frau findet ihren Weg
Endlich ICH
Geht`s Mama gut, geht´s allen gut

Zu allen Themen findet ihr Näheres auf meiner Website: **www.mein-lila-hut.de**

Meine große Zuneigung und Liebe im Leben gilt nach wie vor den Kindern. Aus diesem Grund habe ich mir zwei Organisationen ausgesucht, die unsere Hilfe dringend benötigen.

Die Käserei Edelweis in Kempten hat unter der Schirmherrschaft von Schauspieler Michael Mendl den Verein "Gegen NOMA e.V." ins Leben gerufen (www.gegen-noma.de). Jedes

Jahr sterben in Afrika 80.000 - 90.000 Kinder an dieser schrecklichen Krankheit. Durch unsere Geldspenden können viele dieser Kinder gerettet werden.
Das Kinderhospiz St. Nikolaus in Bad Grönenbach (www.kinderhospiz-nikolaus.de) ist eine Anlauf- und Erholungsstätte für Familien mit unheilbar und lebensbegrenzt erkrankten Kindern. Dort wird die gesamte Familie im Leben, im Sterben und über den Tod hinaus begleitet.

Ich habe mir ganz bewusst diese beiden Organisationen ausgesucht, denn die eine verhilft kranken Kindern zu einem menschenwürdigeren Leben und die zweite Kindern und deren Familien zu einem würdigen Abschied aus diesem Leben.
Mir ist es ein großes Anliegen, diese beiden Vereine zu unterstützen, aus diesem Grund werde ich einen Teil dieser Bucheinnahmen spenden.

Herzlichst deine Ulla

"Mein lila Hut" bedeutet für mich:

Die Farbe: Mut, Kreativität, Veränderung, Selbstbewusstsein, Macht - Lila ist eine der spirituellsten Farben

Der Hut: Symbol zum Gehen, Schutz, Stolz, Würde und Freiheit

Viele Frauen haben schon ihren lila Hut genommen, um ihr Leben zu verändern - UND DU?